Menno Kalmann

Schicksal Pferd – des Reiters Freud, des Partners Leid

Aus dem Niederländischen übersetzt von

Gerd Busse

Mit Comics von

Jeanne Kloepfer

FNverlag
der Deutschen
Reiterlichen Vereinigung GmbH
Warendorf

Bibliographische Information der deutschen Bibliothek

Die Deutsche Information verzeichnet diese Publikationen in der Deutschen Nationalbibliographie; detaillierte bibliographische Daten sind im Internet über http://dnb.ddb.de abrufbar.

Übersetzung aus dem Niederländischen:
Dr. Gerd Busse, Dortmund

Zeichnungen:
Jeanne Kloepfer, Lindenfels

Lektorat:
Dr. Carla Mattis, FNverlag, Warendorf

Korrektorat:
Korrekturbüro G. und W. Kirchhoff, Büren/Brenken

Gesamtgestaltung:
mf-graphics, Marianne Fietzeck, Gütersloh

Druck und Verarbeitung:
Media Print Informationstechnologie, Paderborn

ISBN 978-3-88542-741-4

Inhalt

Geheimsprache 1

Ich habe einen großen Rückstand, den ich wahrscheinlich nie mehr einholen werde. Meine Frau hat sich, Ponys striegelnd, seit ihrem sechsten Lebensjahr einen festen Platz in der Pferdewelt erobert: eine Woche lang striegeln und die Ställe fegen, für eine knappe Viertelstunde auf einem störrischen Shetlandpony reiten, das zu blöd für die normalen Reitschulkunden war. Eine solche Jugend hinterlässt ihre Spuren.

Manchmal kann sie plötzlich, ohne ersichtlichen Grund, von einer normalen Konversation in eine unverständliche Geheimsprache wechseln. Und meistens geschieht es, wenn ein Pferd ins Spiel kommt. Es begann mit dem Pferd, das ich ihr seinerzeit gekauft hatte, weil ich dachte, dass sie dann beschäftigt wäre und endlich damit aufhören würde, mich ununterbrochen mit allem Wissenswerten – und Nichtwissenswerten – über Pferde zu versorgen.

Dem Verkäufer zufolge hatte das Pferd „ein gutes Vorderbein". Schön, aber um welches Vorderbein geht es, und was ist mit dem anderen? Und wie ist es um die beiden Hinterbeine bestellt? Meine Frau fragte ihn dann, ob er ihn „unter dem Sattel" geritten habe? In meinem Kopf fertigte ich rasch eine gedankliche Skizze an und es schien mir in der Tat die praktischere Art zu reiten: man selbst auf dem Sattel und das Pferd darunter.

Das lerne ich schon, dachte ich, und in der Tat: Bald wusste ich, dass sie mit „Schabracke“ nicht unsere Nachbarin meinte und dass ein Pferd, wenn es „rossig“ ist, einem so nett zuzwinkern kann – mit dem Hinterteil. Und „Versammeln“ bedeutet nicht, dass sich die Pferde aus der Umgebung bei uns zum Meinungsaustausch treffen – zum Glück, denn wir haben nur anderthalb Boxen –, sondern es sagt etwas über die Art, wie das Pferd läuft. Man kann reserviert oder hochmütig laufen, ein Sprinter kann erschöpft laufen und ein Motor läuft nur schlecht im Leerlauf. Und so kann ein Pferd eben versammelt laufen. Aber so viel ich auch dazulernte – Hufrolle, Kolik, Gamaschen, Stockmaß –, als die Reiterei anfing, habe ich die Sache definitiv aufgegeben.

Ich schlenderte zum Reitplatz, wo ich meine Frau verzweifelt auf dem Gaul herumdribbeln sah. „Er fällt komplett auseinander!“, rief sie mir vorwurfsvoll zu. Ich musste das kurz verarbeiten und fragte mich, ob dieser verborgene Mangel unter die Gewährleistung fällt. Denn mir kam es ziemlich ungewöhnlich vor. Pferde werden schon einmal krank oder sterben, doch, soweit ich weiß, meist im Stück und nicht in Teilen.

Später, abgesattelt und nach dem rituellen „Ich höre damit auf! Definitiv!“ werden mir dann alle Details noch ein-

mal haarklein erläutert. „Er gibt nicht nach und immer wenn ich die Hand wechsle, fällt er über die Schulter aus." „Wäre es dann nicht eine gute Idee", liegt es mir auf der Zunge, „die Hand einfach nicht zu wechseln?" Ich spreche es jedoch nicht aus, da ich mir darunter wirklich nichts vorstellen kann.

Doch es geht noch schlimmer. „Und wenn er endlich seinen Kopf fallen lässt, verliert er die Beine!" Verzweifelt sehe ich sie an. So sieht es also aus, wenn ein Pferd auseinanderfällt! Muss ich jetzt in der Dunkelheit los, um auf dem Reitplatz verlorene Köpfe und Beine zu suchen?

Später im Auto, auf dem Weg zu einem Pferdesportgeschäft, um eine atmungsaktive Satteldecke zu kaufen, vertraut sie mir an, dass sie demnächst einmal eine Weile „vorwärts-abwärts" reiten werde. Ich stimme dem von Herzen zu, da ich mindestens die Hälfte verstehe: „Vorwärts", da sieht man jedenfalls, wo es hingeht, und „abwärts" scheint mir ungefährlich, solange man nicht im Flugzeug sitzt und plötzlich die Sauerstoffmasken aus den Sicherungsklappen fallen.

Abends im Bett murmelt sie, müde und kurz bevor sie in den Schlaf sinkt: „Morgen werde ich ausreiten." Wahrscheinlich ist das die Phase, die nach dem Einreiten kommt, und das scheint mir ein großer Schritt nach vorn zu sein. „Da komme ich mit", versichere ich ihr – schließlich muss ich ihr doch beistehen. „Wirklich?", fragt sie erfreut. „Auf dem Fahrrad?"

Sie schläft längst, als ich noch immer darüber nachgrübele. „Auf dem Fahrrad“, was das wohl wieder in der Pferdesprache bedeutet?

Geheimsprache 2

Da meine Frau während der Woche ungefähr dreizehn Stunden pro Tag mit den Pferden beschäftigt ist und angesichts der Tatsache, dass wir den ganzen Samstag auf einem Turnier verbracht haben, hielt sie es für höchste Zeit, am Sonntag einmal früh aufzustehen, um quer durchs Land zu fahren. Es gab nämlich eine große Pferdeveranstaltung und die durfte man einfach nicht verpassen. Ich war ihr offenbar nicht hip genug, denn ich brauchte nicht mit – sie würde es dann später mit mir im Einzelnen anhand des dreistündigen Videos durchgehen, das ich ihr im Fernsehen aufnehmen sollte. Und während ich beim Kaffee saß, herrlich ausgeschlafen, dachte ich: Hurra, heute endlich einmal keine Pferde.

Das galt natürlich nicht für die Routine: füttern, den Stall ausmisten, das Pferd herauslassen („Wegen der Muskelzerrung bitte unbedingt zweimal eine Viertelstunde im Schritt an der Hand führen!"), es wieder hereinbringen und, ach ja, richtig, es vorher noch eben eine halbe Stunde grasen lassen („Unbedingt auch an der Hand, es darf nicht frei laufen!") und schließlich dem Shetlandpony eine Gabel Heu bringen („Aber vorher nass machen, hörst du! Ich merke es ja doch, wenn du ihm trockenes Heu gibst. Ach ja, und vergiss nicht, die Pferdeäpfel von der Weide zu sammeln!").

Während ich also dachte: „Hurra!“ fiel mein Blick auf eine Liste, die auf dem Küchentisch lag. Es war die Liste eines Turniers mit unserem jüngsten Pferd. Darunter stand: „Fuchs darf gern etwas mehr bergauf.“ Ich fragte mich, ob der Jury eigentlich klar war, welche Bedingungen man dafür in den Niederlanden vorfindet: Der nächste richtige Berg steht, glaube ich, in den Pyrenäen, doch unsere Pferde nun alle vierzehn Tage dorthin verschiffen zu lassen und sie anschließend auf die Berge zu hetzen, schien mir etwas viel verlangt.

Übrigens finde ich es merkwürdig, dass ein Pferd niemals beim Namen genannt wird. Es ist immer „der Relevant“ oder „der Rubinstein“, und damit ist dann nicht das Pferd selbst, sondern dessen Vater gemeint. Und diese Jury sprach also von einem „Fuchs“. Und ein Fuchs ist ein Pferd, und das ist auch gut so, denn Pferde fressen wenigstens nicht meine Hühner auf. Das ist so wie mit dem Hamburger, der schließlich auch nicht aus Hamburg kommt. Und wenn ein Fuchs kein Fuchs, sondern ein Pferd ist, meinen sie damit die Farbe – und wollen dich außerdem manchmal noch foppen. Sehen wir irgendwo ein schwarzes Pferd, sinniert meine Frau: „Ach, was für ein schöner Schimmel.“

Am Rand der Liste, auch „Protokoll“ genannt, stehen neben den Punkten allerlei hingekritzelte kurze Bemerkungen.

So lerne ich, dass nicht nur mein Ansehen stark leiden würde, wenn ich ohne Stellung wäre, sondern ein Pferd „ohne Stellung“ ebenfalls nicht ins Viereck gehört. Hinter der Note 4 auf der Liste steht „Takt“. Das bedeutet, dass wir das Pferd nun ganz vorsichtig auf diese furchtbar schlechte Zensur vorbereiten müssen. Nicht einfach rundheraus: „Du hast verdammt noch mal nur fünfzig Prozent geholt, du Trottel!“ – sondern mehr so in der Art: „Wie du weißt, haben wir dich alle sehr, sehr lieb, und diese Frau dort in dem Auto am Ende des Sandplatzes fand es unheimlich schön, was du alles gezeigt hast. Aber sie fand auch, dass du es noch ein bisschen besser gekonnt hättest, ja, sogar noch viel besser. Deshalb bekommst du jetzt erst einmal fünfzig Prozent, aber das wird schon noch.“ Das ist Takt!

Weiter unten auf der Liste lese ich, dass unser Pferd ziemlich ungezogen gewesen sein muss: „Keine Antwort auf Bein.“ Also beschließe ich, der Aufgabe „Gehen an der Hand“ heute Nachmittag gleich eine erzieherische Note zu verleihen. „Ich habe leider hören müssen, dass du keine Antwort auf ein Bein gegeben hast. Und es ist egal, wer da etwas fragt: Papa oder Mama oder ein Bein oder meinetwegen auch ein Esel. Wenn du etwas gefragt wirst, gibst du eine ausführliche, aber höfliche Antwort! Kapiert?“

Doch das Pferd sieht mich meuternd an und hat eigentlich nur vor, sich gleich im Stall einmal anständig im Stroh zu wälzen, um dann mit viel Spektakel wieder aufzustehen, sich zu schütteln und mir, wenn ich den Stall wieder

betrete, um Halfter und Gamaschen zu entfernen, den Rücken zuzukehren und ausgiebig in meine Richtung zu pinkeln.

Wenn ich dann abends endlich mit der Gestaltung meines freien Tages fertig bin und gefüttert, Heu gebracht, das Pulver gegen die Muskelzerrung verabreicht, die Ställe dichtgemacht und das Licht ausgeschaltet habe, drehe ich mich noch einmal um, denn ich möchte es gerne auch einmal sehen: Der Liste zufolge haben wir nämlich ein Pferd, das hohe Noten fürs „Grüßen“ eingeheimst hat. Es muss ein rührender Anblick sein, die winkenden Hufe über der Stalltür zu sehen: „Feierabend, Chef, dann bis morgen.“

Geheimsprache 3

Leute, bei denen wir zu Besuch sind, haben komischerweise immer ein paar Pferde – es sind nie gesellige Handballer darunter oder Sammler von Oldtimern. Also sitzen wir vom Kaffee bis zum letzten Glas Wein da und reden über Pferde und deren Abenteuer. Beispielsweise über eine störrische Stute, die bei der Prüfung überhaupt keine „Losgelassenheit“ hatte. Das scheint mir eigentlich in Ordnung, denn ab und zu sehe ich auf einem Turnier ein Pferd mit Sattel, aber ohne Reiter vorbeitraben, hinter dem dann in der Ferne eine dreckbespritzte Dame mit steifen Reitstiefelbeinen herläuft und laut „Ho! Brav! Ho!“ ruft. „Das Pferd macht einen ziemlich losgelassenen Eindruck“, denke ich dann. Diese Pferdeleute sind aber auch niemals zufrieden.

Als ich dann von der Toilette ins Wohnzimmer zurückkomme, höre ich gerade noch etwas über „drei fantastische Gänge“ Das kann sich eigentlich nicht auf das Essen beziehen, denn das fand ich, ehrlich gesagt, ziemlich bescheiden. Sämtliche Einkünfte werden in diesem Hause nämlich – wie bei uns – bis zum letzten Cent in Schabracken, Tierarztrechnungen sowie Winter-, Sommer-, Fliegen- oder Turnierdecken gesteckt. Nichts mehr auf der Tasche, aber eine Klobrille im Hufeisendesign sein Eigen nennen. Das ganze Haus wimmelt nur so von Pferdeskulpturen, Pferdefotos und Pferdegemälden – sogar von Kochlöffeln, Türmatten und Kissen wiehert es einem entgegen.

Die Gastgeberin beginnt mit einem ausführlichen Vortrag über ihre Versuche, etwas mit dem Pferd zu machen, was es offenbar nicht machen wollte. Meine Frau pflichtet ihr eifrig bei: „Ja, das kenne ich auch. Wenn ich zu viel verlange, lässt er mich im Stich." Und dann beginnt der weibliche Teil der Gesellschaft plötzlich in Zungen zu reden. Ich versuche krampfhaft, etwas davon zu verstehen, doch es bleiben für mich böhmische Dörfer. „Einseitige Gewichtshilfen" (Handelt es sich hier um eine neue Diät?), „über die Schulter weglaufen" (Solange es nur nicht die von mir ist.), „Schenkelweichen" (Geht es jetzt auf die Schienen?) „fliegender Wechsel" (Das wird wohl eine Art Stuhltanz sein.), „Das Pferd geht ohne Rücken" (Worauf sitzt man dann?), „Das Pferd ist durchlässig" (Ist ein Pferd denn nicht wasserdicht?), und „Fliegenschimmel" bekommt man mir zufolge, wenn man den Kühlschrank lange Zeit über nicht sauber macht. „Hinterhand" ist auch so ein rätselhaftes Wort. Ein Pferd mag zwar ein edles Tier sein, hat jedoch, soweit ich weiß, keine Hände.

Ich lasse es bleiben, irgendetwas verstehen zu wollen, und konzentriere mich auf den Wein („Wo kann man diesen Wein mit dem Dressurpferd auf dem Etikett kaufen?") und lausche einer Platte mit Chansons von Édith Piaf, nach der anscheinend die „Piaffen" benannt worden sind, über die die Damen sich so ausführlich unterhalten.

Komisch, sonst beschweren sie sich immer über zu wenig Losgelassenheit!

Als wir dann endlich aufstehen und ich mir schon Hoffnungen mache, endlich nach Hause zu dürfen, kommt es, wie es kommen muss: „Wollt ihr noch eben die Pferde sehen?“ Ich murmele leise: „Nein danke, ich weiß schon, wie sie aussehen. Wir haben nämlich selber Pferde“, doch die Gesellschaft steht bereits draußen. Die Damen stoßen gurrende Babylaute aus, als wir einen unglaublich großen Burschen vor uns sehen: „Na, mein Süßer, willst du schmusen?“, heißt es dann, doch das Tier sieht uns nur kurz an, dreht sich um und verspritzt einen gewaltigen Strahl dampfenden Urins. „Ach, wie süß!“, krähen die Damen zu meiner Bestürzung. Während der gesamten Rückfahrt nach Hause werde ich den fauligen Geruch des Pferdeurins nicht mehr los, der mir ins Gesicht gespritzt ist.

Müde und spät kommen wir von unserem Besuch zurück. Als ich endlich im Haus bin, hänge ich meinen Mantel an die lustige Garderobe aus Steigbügeln und Hufeisen und die übrige Kleidung über ein Gestell aus ehemaligen Gebissen, putze mir die Zähne mit der Zahnbürste, die mir meine Frau zum Geburtstag geschenkt hat und die am Stiel in einen Pferdekopf ausläuft, krieche unter meine Bettdecke – mit Stroh- und Möhrenmotiven – und falle in einen tiefen Schlaf, während ich … von Oldtimern träume.

Der Reitplatz 1

Alle wussten genau, was zu tun war. Die Weide hinter unserem Haus sollte zum Reitplatz werden. Der Nachbar, der uns gegenüber wohnt, hatte auch Pferde und konnte berichten, dass aufgrund eines glücklichen Umstands der Boden in einem Meter Tiefe die perfekten Bedingungen für einen Reitplatz bieten würde. Also wurde eine Tiefbaufirma angerufen. Die kam kurz darauf und brauchte einen halben Tag, um mit Löffelbagger und Kran das Erdreich abzutragen und einen superglatten und straffen knallgelben Boden zu verlegen. Wie einfach und effizient! Rasch dem Nachbarn eine Flasche Schnaps vorbeibringen – ein guter Nachbar ist Gold wert, vor allem, wenn er mit solchen Dingen Bescheid weiß.

Ich konnte es kaum erwarten, meine Frau zum ersten Mal auf unserem neuen Spitzenreitplatz reiten zu sehen. Doch was für eine Enttäuschung! Das Pferd sank bis zu den Knien im Sand ein und nach nur einer Runde beschloss meine Frau, Schluss zu machen. „Wenn du dein Pferd unbedingt kaputtmachen willst …“, schnauzte sie mich an und machte sich murrend zu einem abgemähten Stück Wiese auf, um dort zu reiten. „Verdammt noch mal, ich habe nächste Woche ein Turnier. Sorg also gefälligst dafür, dass es bis dahin in Ordnung gebracht wird“, hörte ich sie brummeln.

Verzweifelt blieb ich in der Wüste zurück. Wenn der Gaul nicht ganz so fest auftreten würde, wäre es halb so schlimm, fand ich, doch es musste in der Tat etwas passieren. Also den Nachbarn noch einmal um Rat gefragt. Verrückt, dass zwei nebeneinanderliegende Grundstücke einen derart unterschiedlichen Untergrund hätten, meinte er. Doch keine Sorge, das habe er schon mal gesehen, da müsste ich einfach eine Ladung Lehm drüberkippen.

Also kam die Tiefbaufirma am nächsten Tag mit vier Lkw-Ladungen Klei vorgefahren und ließ mich mit vier riesigen Bergen Lehm sowie einer Schaufel und einer Harke zurück. Zwei Tage habe ich mich durch den klebrigen, schweren Brei gewühlt, und zwei blutige Hände sowie einen verschlissenen Rücken später hatte ich achtzig Kubikmeter braunen Lehms schön glatt über den gelben Boden verteilt, wie eine dicke Schicht Erdnussbutter auf einem Butterbrot.

Danach ging es eine Weile leidlich gut: Das Pferd sank nicht allzu tief ein, sondern blieb verhältnismäßig weit an der Oberfläche. Das Problem entstand erst, als es eine halbe Stunde lang genieselt hatte: Plötzlich wurde aus unserem Reitplatz der schönste Teich. Er hatte fast die Ausmaße eines Sees, an dessen Ufer sich auch gleich ein Reiher interessiert auf einem Bein aufstellte. Sollten dort vielleicht Fische zu holen sein?

Also musste ich mit einem Erdbohrer alle zwei Meter, als eine Art Drainage zum durchlässigen Sand darunter, ein Loch bohren. Die kaum verheilten Blasen an meinen Händen rissen wieder auf, doch nach nur fünf Stunden des Bohrens hatte ich aus dem Boden den reinsten Emmentaler gemacht und das Wasser lief in der Tat ab. Nach einer Woche Reiten hatten sich die Löcher natürlich wieder mit Schlamm zugesetzt und wir konnten erneut die Aussicht über unseren Froschteich genießen. Den Nachbarn, von dessen Ratschlägen ich vorläufig genug hatte, wollte ich fürs Erste überhaupt nichts mehr fragen – außer vielleicht, ob ich die Flasche Schnaps zurückhaben dürfte.

Der andere Nachbar, ein Bauer, hatte sich das Ganze eine Weile geduldig angesehen. „Lehm setzt sich fest, nicht wahr?“, sagte er, spuckte auf den Boden und stocherte mit seinem Holzschuh ein wenig im Untergrund herum. „Das musst du vierzig Zentimeter tief fräsen. Lehm und Sand gut vermischen, dann hast du nie wieder Probleme damit.“

Er hatte so eine Fräse und fuhr damit eine halbe Stunde auf dem Reitplatz auf und ab. „Viel zu lose“, jammerte meine Frau, als sie kam, um das Ergebnis zu begutachten, und verschwand wieder Richtung Heide. „Jetzt nur noch walzen“, sagte der Bauer, und kurze Zeit später drehte er mit einer gigantischen Walze seine Runden auf unserem Reitplatz. Als er fertig war, sah es wirklich perfekt aus und nicht einmal meine Frau konnte diesmal etwas Nachteiliges entdecken, außer dass „das Tier kein Stück nachgeben will“. Doch daran trug der Reitplatz schließlich keine Schuld.

Na, das hast du ja wieder toll hingekriegt!

Nach einer Woche kamen dann doch wieder Klagen und ich wurde einbestellt, um den Platz zu „schleppen": „Das macht jeder, den Platz schleppen", und sie erzählte, dass man früher auf dem Ponyhof einfach einen großen Reifen hinter ein Auto gebunden und dann über den Platz geschleppt habe. Also holte ich beim Treckerhandel an der Ecke einen riesigen Treckerreifen, bohrte Löcher hinein und zog ein knallrotes Nylonseil hindurch, das ich mit dem anderen Ende an unserem Stadtpanzer befestigte. Anschließend fuhr ich auf den Platz und drehte dort, den Reifen im Schlepptau, meine Runden – im ersten Gang und mit Allrad-Unterstützung. Die Nachbarkinder hatten schnell entdeckt, dass das Mitfahren auf dem Reifen mindestens so interessant war wie eine Karussellfahrt auf der Kirmes.

Nach etwa vier Wochen war der Platz jedoch wieder unbereitbar geworden. Steinharte Stellen wechselten sich mit solchen ab, in denen man fünfzig Zentimeter tief wegsank. Auf Anraten der Tiefbaufirma – die musste es ja schließlich wissen – wurde der Platz dann noch dreimal komplett ausgehoben, jedes Mal etwas tiefer, und dann mit allerlei Zusätzen wie grobkörnigem Sand, Flusssand, Wattsand und so weiter wieder aufgefüllt. Und ich habe mir inzwischen eine professionelle Schleppe, eine Zinkenegge, einen Trecker und eine riesige Walze zugelegt. Die Erlösung ist nahe. Wir halten Sie auf dem Laufenden.

Auf dem Turnier 1

Erschrocken fahre ich hoch und schlage auf den Wecker. Sonntagmorgen, vier Uhr dreißig. Es muss ein Irrtum sein. Hat die Winterzeit begonnen? Steht der Beginn einer Ferienreise an? Oder habe ich Fieber und es ist bereits halb fünf nachmittags?

Meine Frau sieht mich an, auch sie erschrocken, sinkt dann erschöpft in die Kissen zurück und befiehlt im Telegrammstil: Du fütterst, ich zieh mich an, dann flechte ich. Da fällt es mir wieder ein: Ich bin mit einer Verrückten verheiratet, die nicht nur sich selbst, sondern auch ihre gesamte Umgebung mit ihrer Freizeitbeschäftigung terrorisiert.

Als ich die erstaunten Pferde gefüttert habe („Ist es schon so spät?) und durchgefroren vor meiner Tasse Kaffee sitze, kommt der Portier eines gediegenen englischen Hotels die Treppe hinunter, in einem lächerlichen Frack und mit einem Zylinder auf dem Kopf, der sich bei näherer Betrachtung als meine Frau zu erkennen gibt – „Sitzt mein Haarknoten auch gut?" Und wehe, wenn man dann, in einem so wichtigen Moment einen Scherz macht.

Pferdebegeisterung ist eine genetische Abweichung und ist man nicht pferdebegeistert, gilt man an Wettkampftagen plötzlich nichts mehr. Hat man sich die ganze Zeit über

für eine respektable Person gehalten, die einen guten und wichtigen Job erledigt und sich in einer Partnerschaftsbeziehung befindet, in der man höflich und mit Respekt behandelt wird – am Tag des Turniers wird man dann plötzlich zum Fußabtreter degradiert, zu einem infantilen Trottel, der sich den ganzen Tag lang herumkommandieren und beschimpfen lassen muss, dem man unangenehme Aufgaben überträgt und der offenkundig an allem und jedem die Schuld trägt.

Rasend vor Wut sieht sie mich an. „Warum regnet es jetzt, verdammt!“ Ich murmele eine Entschuldigung und versuche mich in meine Kaffeetasse zu verkriechen. „Hast du auch das Fliegenspray ins Auto gepackt?“ Ich springe sofort auf. „Nein“, faucht sie „bleib du nur sitzen. Ich mache es lieber selbst, wie immer!“

Endlich sind wir unterwegs. Sie fährt, natürlich. Ich bin in diesem Moment weniger als ein Nichts, oder schlimmer: ein Klotz an ihrem Bein, der ständig dumme Dinge von sich gibt, wenn pferdevernarrtes Publikum dabeisteht. Einer, der nie die Frage beantworten kann, was für eine Abstammung das Viech hat (für mich stammt es von den Ponydinosauriern ab). Doch Scherze werden nicht geduldet und später äußerst hart bestraft. „Es ist noch ziemlich früh, was?“, wage ich einen vorsichtigen Versuch, doch ich werde totgeschwiegen. Ist sie wütend oder bloß nervös?

Nach einer guten Stunde Fahrt biegen wir im Schritttempo auf den Parkplatz. Sie stellt den Motor ab, sieht mich ein paar Sekunden durchdringend an und sagt dann voller Verachtung: „Wehe, wenn du falsch vorliest …“

Meine Frau versucht, leise fluchend, in der Spiegelung der Seitenscheibe des Autos Haarknoten, Hut und Augenbrauen in Form zu bringen. Als ich frage, ob ich vielleicht etwas für sie tun könne, schlägt sie nur wortlos die Augen zum Himmel.

Die erste Prüfung macht sie aus dem Kopf. Ich stehe nervös am Rand und lese für mich leise mit, um gleich im Anschluss lobende Kritik äußern zu können. „Die Schlangenlinie war super“, rufe ich und strecke den Daumen hoch. Doch die war überhaupt nicht dabei gewesen, wie sich hinterher herausstellt – ich habe falsch abgelesen. Meine Frau lässt ihren Blick über das Gelände schweifen, als ob sie jeden gut kennen würde, jeden außer mir.

Die zweite Prüfung lese ich laut vor, dabei das richtige Mischungsverhältnis aus untertänig, hilfsbereit, führungsstark und routiniert suchend. Sehr viel später, als ich zermürbt im Anhänger sitze und warte, öffnet sich plötzlich die Tür, und ich sehe eine orange und rote Schärpe[1] sowie einen undefinierbaren silbernen Gebrauchsgegenstand auf mich zuschweben. „Hast gut gelesen!“, sagt sie, umarmt mich und gibt mir einen Kuss. Ich bin froh, dass ich ihr auch dieses Mal wieder eine echte Hilfe gewesen bin.

1 In den Niederlanden bedeutet die orangefarbene Schleife den Sieg, die rote Schleife steht für den zweiten Platz.

Auf dem Turnier 2

Es ist sieben Uhr, und meine Socken sind bereits völlig durchgeweicht. Die Weide, die als Parkplatz dient, ist noch nass vom Tau. Ich trage eine Reitkappe, eine Jacke, Fliegenspray, eine Videokamera, ein isotonisches Getränk sowie einen Sitzstock mit mir herum und versuche meine Frau auf dem Abreiteplatz zu finden. Das sollte doch eigentlich nicht so schwer sein, denke ich: Sie sitzt auf einem Pferd, mit einem Knoten im Haar, hat eine weiße Bluse an und trägt um ihren Hals eine Art Lätzchen mit einer Ansstecknadel. Doch irgendwie sehen alle gleich aus, so dass ich mich unverrichteter Dinge an den Rand setze.

Leider handelt es sich nicht um ein nationales Turnier, sondern um ein ländliches Reitturnier. Das ist schade. Denn bei nationalen Turnieren macht man sich bereits relativ früh über die Getränke her, und im Bierzelt herrscht unter den Männern ein Gefühl der Zusammengehörigkeit, da sie an solchen Turniertagen bei den eigentlichen Hauptpersonen der Veranstaltung allesamt als Trottel gelten. Auch ist ein nationales Turnier sehr gesellig organisiert, wie eine Kirmes, mit Musik und Ständen, an denen man Zuckerwatte kaufen kann, ferner einem Ehrenamtlichen, der die Hamburger auf den Grill legt, die noch vom Königinnentag übrig waren, sowie einem Ansager, der einem über die Musik von Frans Bauer hinweg einen sportlichen und, trotz des Regens, angenehmen Tag wünscht.

Ach, das war doch wieder richtig entspannend heute!
Gääääähn!
PUTZ BOX

Bei einem ländlichen Turnier reitet man die Prüfung auf einer alten, holprigen Weide, auf der überall Schilder mit Buchstaben stehen, und nicht, wie bei den nationalen Turnieren, auf einem schönen, glatten Rasen, zwischen echten Hindernissen hindurch und am liebsten mit einer gemähten Mittellinie.

Neben dem Bierzelt hat das nationale Turnier noch einen weiteren Vorteil: Man kann Geldpreise gewinnen, während man bei den ländlichen Turnieren meist einen undefinierbaren silbernen Gebrauchsgegenstand bekommt. Neulich haben wir etwas gewonnen, bei dem mir bis heute nicht klar ist, ob es sich um ein Tablett, einen Spiegel oder einen Bilderrahmen für ein überdimensionales, ovales Porträt handelt. Geldpreise sind mir dagegen immer willkommen, ich reiße sie meiner Frau meist sofort aus den Händen, oft schon, wenn der Vorsitzende des Reitvereins noch damit beschäftigt ist, sie abzuküssen.

Doch dann, auf dem Weg nach Hause erklärt sie, dass das Geld in einen speziellen Topf wandern soll – ein Topf, den ich nicht anrühren darf –, aus dem sie dann später einmal etwas Hübsches für die Pferde kaufen will. Ich starre matt vor mich hin. So wird es wieder nichts mit einem kleinen Beitrag zu den astronomischen Kosten ihres Geld verschlingenden Hobbys.

Während der zweiten Prüfung, die ich vorlesen muss, fängt es unglaublich stark an zu regnen. Ich höre durch das Toben des Regenschauers hindurch ein „Lauter! Lauter lesen!“ und starre auf die Seiten meines völlig durchgeweichten Aufgabenheftes. Doch weil ich die gegenüberliegende Seite der Reitbahn kaum erkennen kann, weiß ich nicht, ob sie schon bei M ist, wo ein von mir angekündigtes Kunststück vorgeführt werden muss. Mit dem Hutrand voller Wasser und einem warmherzigen Lächeln („Wieso Sauwetter?“) hält sie und grüßt, wie es sich gehört. Beim Cooling down[2] klart es rasch wieder auf und sie muss die Prüfung noch einmal mit mir durchgehen. „Schade wegen des einen Wechsels“, sagt sie und ich entgegne gehorsam, dass es in der Tat schade gewesen sei. „Aber so schlecht war er doch gar nicht?“, fährt sie mich an. Eine Stunde später stehen wir mit Wagen und Anhänger da und warten darauf, dass wir endlich an der Reihe sind, um von dem jungen Mann mit dem Traktor aus der matschigen Weide gezogen zu werden.

Zu Hause, ich wasche mir gerade den Dreck von den Händen, nachdem ich ihr beim Ausziehen der Reitstiefel geholfen habe (ich konnte das Gestell dafür nicht finden), steht sie plötzlich hinter mir und legt die Arme um mich. „Das war doch nett, oder?“, fragt sie. „Ja, sehr nett“, pflichte ich ihr bei und bin froh, dass morgen wieder Montag ist.

2 Trockenreiten

Bruchpilot

Nachdem ich ein paar Reitstunden auf Alma genossen hatte, durfte ich anschließend eine Runde ausreiten. Das Tier kannte den Weg, ich brauchte also nichts zu machen. „Nur im Schritt, hörst du?", rief mir meine Frau noch hinterher.

Doch ich konnte der Versuchung einfach nicht widerstehen. Warum nicht einen kleinen Galopp auf diesem schönen, langen und geraden Sandweg wagen? Ich dachte nach – äußeres Bein hinter den Gurt, doch was ist eigentlich das äußere Bein, wenn man geradeaus reitet? –, probierte herum und rief dann laut „Gaaa-lopp!" Das ließ Alma sich nicht zweimal sagen. Sie preschte los und ich bemerkte plötzlich, dass die Bremse nicht mehr funktionierte. Von den Reitstunden, die ich während meines Crashkurses auf dem Reitplatz gehabt hatte, erinnerte ich mich an den Ruf „Treiben!". Also „trieb" ich, und zwar in Form eines ziemlich gemeinen Tritts mit der Hacke in die Milz des Pferdes.

An das, was dann geschah, erinnere ich mich wie an einen bösen Traum. Ich hätte es nicht für möglich gehalten, doch Alma schien noch einen Gang schneller laufen zu können. Unglaublich! Ich versuchte, im Sattel zu bleiben, und das gelang mir auch leidlich – bis etwas Schreckliches passierte: Alma sah in der Böschung des Sandwegs ein weggeworfenes Schälchen mit Pommes frites liegen.

Nun müssen Sie wissen, dass Alma nicht so schnell aus dem Konzept zu bringen ist, doch wenn es eine Sache gibt, die sie in Todesangst versetzen kann, dann sind es weggeworfene Pommes-frites-Schälchen. Es kann einen halben Meter entfernt von ihr in voller Fahrt ein Trecker mit Jauchefass an ihr vorbeisausen und sie bleibt völlig unbeeindruckt, doch ein Schälchen Pommes frites ist so ziemlich das Schaurigste, was ihr begegnen kann. Vor allem, wenn es völlig unerwartet in der Böschung liegt.

Innerhalb des Bruchteils einer Sekunde drehte Alma sich – immer noch in vollem Galopp – plötzlich um, etwas, das an sich ziemlich kunstvoll war und für ihre enormen athletischen Fähigkeiten spricht. Leider war ich auf dieses abrupte Wendemanöver nicht gefasst und flog wie ein Projektil geradewegs in die Büsche. Ich blieb einen Moment benommen liegen. „Bin ich jetzt tot?“, fragte ich mich. Doch die Sträucher hatten meinen Fall gebremst und an mir schien noch alles heil zu sein. Ich fühlte mich lediglich ein wenig steif.

Alma stand, heftig schnaubend, fünf Meter von mir entfernt und wartete. Das arme Tier hatte sich zu Tode erschreckt – und sagen Sie selbst: Kann so ein Schälchen Pommes frites nicht auch furchtbar gruselig sein? Und nun stand sie brav da und wartete auf ihr steifes Herrchen.

Ich ging auf sie zu und redete beruhigend auf sie ein. Als ich mich ihr auf einen Meter genähert hatte, legte irgendetwas in Alma den Schalter um und sie ging, ohne mich noch eines Blickes zu würdigen, in gesittetem Trab in Richtung ihres Stalles.

Ich habe noch gedacht: Menno, du kannst alles machen, aber du wirst ihr jetzt nicht unter „Alma-komm-her!"-Rufen in deinen Reitstiefeln hinterherrennen. Aber ein Pferd ist gefährlich, also bin ich ihr doch, wie in einem Slapstick-Film – zweifach behindert durch die Reitstiefel und einen verstauchten Knöchel –, hinterhergelaufen.

Unsere Nachbarin hatte mir auf dem Hinweg freundlich zugelächelt: „Na, Nachbar, ein bisschen ausreiten?" Als dieselbe Nachbarin eine Viertelstunde später Alma ohne mich zurücktraben sah, griff sie sofort zum Hörer, um meine Frau anzurufen – und sicherheitshalber auch gleich den Rest der Straße, sodass alle bereits in der Tür standen, als ich, schmutzig, verschwitzt und in mich hineinfluchend die Straße entlanghumpelte. „Na, Nachbar, bist du vom Pferd gefallen?"

Alma aber stand längst wieder in ihrem Stall und fraß gemächlich ihr Heu, sodass meine Frau fand, dass es noch einmal gut gegangen sei.

Lahmen

Was ich nicht verstehe ist, dass ein Pferd fast zehnmal so schwer ist wie ich, jedoch genauso dünne Unterbeine hat. Auf Springturnieren sehe ich regelmäßig Pferde, die mit siebzig Stundenkilometern über Gestelle mit Balken springen oder geradewegs durch eine Mauer aus Holzblöcken donnern, und dann wundert es mich nicht, dass es dabei hin und wieder zu kleinen Verletzungen kommt.

Doch auch in der Dressur kommt es manchmal zu Blessuren, eine Sehne schwillt an, ein Griffelbein bricht oder es macht sich ein Knochenstückchen in einem Gelenk bequem. Dann muss ich mit dem Pferd an der Hand auf hartem Untergrund gehen, sonntagmorgens, noch vor dem Frühstück, während meine Frau händeringend daneben steht. „Ich hoffe, dass sogar du es jetzt siehst", jammert sie. Und dann muss ich zusehen, während sie, das noch halb schlafende Pferd hinter ihr her humpelnd, die Straße hinuntergeht.

Nun habe ich seinerzeit gut aufgepasst und weiß, dass man vor allem nicht auf die Beine des Pferdes, sondern auf den Kopf achten soll. Hoch – tief – hoch – tief ist falsch. Man kann es aber auch durch Hören herausbekommen: Klick-klock – klick-klock – klick-klock ist ebenfalls nicht gut. Deshalb lautet mein professionelles Urteil: „Es lahmt!" Mir ist klar, was jetzt kommt: Zuerst zum Tierarzt, der einen Nierensteinzertrümmerer an die Sehne hält und eine Gold-

injektion von 18 Karat hineinjagt („Akzeptieren Sie auch eine Kreditkarte?"). Danach heißt es, das Pferd dreimal täglich zwanzig Minuten an der Hand laufen lassen. Das ist dann meine Aufgabe, weil sich dabei einfach nichts falsch machen lässt.

Obwohl dringende Geschäfte auf mich warten, wird beschlossen, meine Karriere für eine Woche auf Eis zu legen, damit ich mich um das Pferd kümmern kann. Ich laufe täglich durchs Dorf und zähle die Male, an denen ich zu hören bekomme: „Du kannst dich besser draufsetzen, Nachbar." Weil es nach sechs Wochen immer noch nicht besser ist, gehen wir zur Sicherheit auch noch zu einer Art Kommune, wo etwas gammelig wirkende Mädchen in Latzhosen mit einem zitternden Eisenstab unser Pferd umrunden, um dann ihre holistische Diagnose zu stellen: „Dieses Pferd hat in seinem früheren Leben als Eichhorn eine gestörte Beziehung zu seinem Vater gehabt." Wir bekommen eine unendlich stark verdünnte Lösung mit auf den Weg und lassen einen Betrag dort, für den sich eine komplette Großfamilie locker den Blinddarm entfernen lassen könnte.

Später besuchen wir auch noch einen Herrn, der mit einem starken polnischen Akzent erklärt, dass unser Pferd nichts an den Beinen hat, sondern dass sein Stoffwechsel nicht gut funktioniert. Dieses Problem sei jedoch im Handumdrehen zu lösen, wenn wir das von ihm selbst entwickelte Kräutermischfutter verwenden würden. Dieses Wunderfutter ist dreimal so teuer wie normales Futter. Ich kann mir vorstellen, dass zumindest die Probleme unseres polnischen Futterlieferanten damit gelöst sind.

Und schließlich ist da auch noch ein Fernheiler, den wir anrufen können. Wir müssen ihn also nicht einmal persönlich aufsuchen. Er kann dann aus der Ferne an unser Pferd denken. Das kostet uns nichts, weil es eine Gabe ist, die er aus der Astralwelt bezieht – doch leider hilft es auch nichts. Bis dann die lahmende Stute drei Monate später im Stall steht und zu ihrer Stallgefährtin sagt: „Weißt du was, ich werde heute einfach so tun, als ob ich gar nicht mehr lahmen würde. Sie haben jetzt genug geschwitzt und ich habe mal wieder richtig Lust auf ein kleines Turnier.“ Und sie wiehern vor Vergnügen.

Fortpflanzung 1

Mit zweihundert Stundenkilometern raste ich, die Gefahr der Beschlagnahme und Stilllegung meines Autos ständig vor Augen, auf dem letzten Stück Landstraße nach Hause. Auf dem Rücksitz stand eine Kühlbox, die eine Styroporschachtel mit einem Röhrchen Glibber enthielt, der pro Gramm achtmal so viel kostet wie unverschnittenes Heroin.

Pferdehaltung ist nun einmal teuer und deshalb war sich meine Frau sicher, dass noch ein weiteres Pferd dazukommen sollte. Denn schließlich muss man in sechs Jahren ja auch noch etwas zu füttern und auszumisten haben.

An diesem Morgen fuhren wir mit Anhänger und Stute zum Pferdedoktor. Der zog diese Handschuhe an, die man derzeit auch bei der Tankstelle bekommt, damit kein Benzin auf die Hand tropft. Doch bei ihm reichten sie bis zu den Schultern – eine Art Schaftstiefel für die Arme. Was hatte der Mann vor?

Hand und Handgelenk verschwanden in unserer ächzenden Stute, was ich schon ein wenig gruselig fand. Es folgten Ellbogen und Unterarm, wobei der Doktor mit seiner selbst gedrehten Zigarette fast ein Loch in das Hinterteil der wimmernden Stute gebrannt hätte. „Da sitzt ein hübsches kleines Ei", lautete die Diagnose, „du kannst losfahren!"

Ich sprang also ins Auto und fuhr von Holland Richtung Oldenburg. Es war das zweite Mal, dass ich nach Deutschland musste, um Samen zu holen, und das sechste Mal, dass die Stute besamt wurde. Die ersten vier Male wurde der Samen von einem Kurier bei uns zu Hause abgeliefert, meist um halb fünf nachmittags, sodass ich immer wieder auf einen sinnvoll verbrachten Tag zurückblicken konnte, an dem ich ab neun Uhr morgens zähneknirschend am Fenster gesessen und auf ihn gewartet hatte. Es wurde ein festes Programm: zuerst mit der Stute zum Hengst, um sie dann mit einem enormen Radau, Sich-Aufbäumen und Gebrüll aneinander riechen zu lassen, danach der Trick mit dem Verschwindenlassen des tierärztlichen Oberarms – Hurra, ein Ei! – und schließlich die Kommunikation mit Oldenburg und der Kurier. Doch leider: Jedes Mal ging irgendetwas schief und ich hoffte bereits im Stillen, dass die Sache im Sande verlaufen würde.

Eine Pferdefrau lässt sich jedoch nicht so leicht unterkriegen und so wurde ich an einem Montagmorgen – montags brauche ich glücklicherweise nie zu arbeiten – aus dem Bett gezerrt: „Sie ist rossig, wir fahren nach Oldenburg!" Der diesem Ausspruch zugrunde liegende Gedanke war der, dass Samen, der nur sechzehn Meter vom Hengst zur Stute zurückzulegen hat, mehr Motivation besitzen würde als Samen, der, noch benommen von seiner Todesfahrt durch halb Europa, seinen Dienst versehen muss.

So standen wir also in einem langen Stau auf der Autobahn, mit einem hin und her schaukelnden Anhänger, in dem ein gelangweiltes Pferd stand und herumscharrte, und schlugen die Zeit damit tot, uns hübsche Pferdenamen auszudenken, die mit einem W anfangen.

Im Stall in Oldenburg sahen wir dann berühmte Reiterinnen auf kleinen Fahrrädern herumfahren sowie Stallburschen in makellosen Uniformen, und man bereitete uns einen Empfang wie in einem Fünfsternehotel. Ich fühlte den Pulsschlag meines Portemonnaies bereits steigen. Eine strenge, aber gerechte Frau ging vor unserer Stute her und brachte sie in ihren Luxusstall mit Minibar, Pay-TV und Blick auf den angrenzenden Park – alles sehr sauber und gepflegt. So müsste es klappen, fanden wir, und nahmen Abschied, nachdem wir unserer Stute etwas Taschengeld gegeben und ihr noch einmal eingeschärft hatten, früh schlafen zu gehen. „Und“, so fügten wir hinzu, „nicht mit den anderen Pferden auf den Putz hauen, hörst du, und immer hübsch brav eine Antwort geben, wenn du etwas gefragt wirst – wir sind hier schließlich in vornehmer Gesellschaft!“

Fortpflanzung 2

Unser Pferd hatte wieder einmal zehn Tage in Oldenburg gestanden, als der erlösende Anruf kam: „Es hat geklappt!“ Also ließen wir alles stehen und liegen und rasten mit dem leeren Anhänger von Holland nach Oldenburg. Auf dem Landgut – neben dem der Palast unserer Königin wie ein Klohäuschen wirkte – wurden wir wiederum ebenso herzlich wie professionell empfangen und man überreichte uns unser Pferd, detaillierte Anweisungen zum weiteren Vorgehen sowie eine Flasche Regumate. Regumate ist ein Hormon, das ziemlich gefährlich zu sein scheint. Man schärfte uns ein, auf jeden Fall Handschuhe zu tragen, selbst wenn wir die Flasche nur anschauen wollten, und wenn es ginge, sollte nicht meine Frau, sondern ich das Hormon verabreichen – wohl weil die Wahrscheinlichkeit bei mir, ungeplante Fünflinge zu bekommen, geringer ist als bei meiner Frau. Man kann schließlich nicht vorsichtig genug sein.

Auf dem Rückweg nach Hause sagte meine Frau mit großer Bestimmtheit, dass sie am Poltern hinten im Anhänger hören könne, dass unser Pferd durch die Schwangerschaft bereits eine charakterliche Veränderung durchgemacht habe. Schlimmer kann es nicht mehr werden, dachte ich. Es war ein langer Leidensweg gewesen, das Tier trächtig zu bekommen – und vor allem, es trächtig zu halten, und so hatten wir alles versucht, um die Natur günstig zu stimmen.

Über das Internet, von drei verschiedenen Tierärzten und von der Deckstation in Deutschland erhielten wir einen Haufen widersprüchlicher Anweisungen zur Verwendung des Regumate-Präparats, variierend von drei Monate lang einmal täglich eine Schüssel nach der Mahlzeit bis hin zur lebenslänglichen Verabreichung einer Flasche täglich. Da meine Frau sich, was die Trächtigkeit anbelangte, plötzlich doch nicht mehr ganz sicher war, musste ich mit einem unschuldigen Gesicht bei uns in der Apotheke einen Schwangerschaftstest holen („Es ist für eine Bekannte, wissen Sie …"), das unser Pferd in seinen Urinstrahl halten musste. Hormone sind Hormone, dachten wir; da das Ergebnis jedoch zweideutig war, gerieten wir erneut in Panik.

Also machten wir uns unverzüglich wieder auf zum Tierarzt, um den aktuellen Stand der Dinge in Erfahrung zu bringen, und wieder verschwand sein starker Arm in unserem Pferd. Während der Ultraschalluntersuchungen ließen wir uns jedes Mal alles Mögliche weismachen. Beim ersten Mal zeigte man uns ein Monitorbild mit etwa dreihundert Kügelchen, Flecken und Schatten, die sich geschäftig hin und her bewegten, und wir riefen unsicher: „Ja, tatsächlich, eine schöne Frucht" und zogen halbwegs beruhigt wieder von dannen.

Nach dreißig Tagen war der kritische Punkt erreicht, an dem die Stute zuvor jedes Mal ihre Frucht verloren hatte. Beklommen starrten wir auf den Monitor des Ultraschallgeräts. Nach einigem Hin- und Herzappen erschien auf dem

Bildschirm plötzlich eine Art europäischer Wetterkarte mit Aussicht auf schwere Unwetter. Doch mittendrin war zu unserer großen Verwunderung ein Ding mit einem Pferdekopf und vier Beinchen zu erkennen. Von unseren Gefühlen völlig überwältigt, fuhren wir im Schritttempo, mit unserer hochempfindlichen Stute im Anhänger, nach Hause, während meine Frau bereits in Gedanken kleine Schabracken strickte und ich mich im Rathaus stolz meinen Erstgeborenen anmelden sah.

In den darauffolgenden Wochen haben wir uns auf die Dinge vorbereitet, die da kommen sollten. Ich musste auf die Anregung meiner Frau hin schon mal üben, die ganze Nacht aufzubleiben, und wurde derweil streng darüber aufgeklärt, was ich mit einem Fohlen auf gar keinen Fall tun dürfe. Fütterungspläne wurden angepasst, die Pferdeställe neu verteilt sowie italienische, englische und französische Wörterbücher unter dem Buchstaben W nach hübschen Pferdenamen durchforstet. Meine Frau hatte bereits ausgerechnet, wann es so weit sei, dass das Fohlen uns Traversalen und fliegende Galoppwechsel vorführen könnte.

Wir gehen spannenden Zeiten entgegen – hoffentlich wissen wir in zwei Monaten mehr.

Auf dem Turnier 3

Wir fahren mit unserem grün ausgeschlagenen Anhänger auf den Parkplatz und werden von einer Dame mit Walkie-Talkie zum äußersten Ende des Geländes dirigiert. Sie sieht uns mitfühlend an. Schließlich weist sie uns einen Platz bei den übrigen Hungerleidern an, die dort bereits stehen, außerhalb des Blickfelds, sodass wir das Niveau nicht allzu sehr nach unten drücken. Noch krumm und steif von der ungemütlichen Fahrt, erkunden wir zunächst das Gelände, auf der Suche nach der Dame, die uns von unserer Teilnahmegebühr befreien kann, einer Tasse Kaffee sowie der Tafel, an der die Startlisten hängen. Sind wir etwa schon dran?

Vor der Tafel herrscht Andrang. Verzweifelte Mädchen, die vor den Ergebnissen stehen und den bekannten Ruf ausstoßen: „Ich verstehe das nicht! Sieh dir nur die Unterschiede zwischen den Punktrichtern an.“ Dann wandern ihre Blicke vom unteren Abschnitt, wo ihre beschämenden Ergebnisse stehen, langsam nach oben, wo allmählich die Quoten über 60 Prozent zum Vorschein kommen, und die Verzweiflung schlägt in Wut um. „Hast du gesehen, wie das Pferd herumgeeiert ist? Und das rangiert in der Wertung sogar noch vor mir!“

Ich stehe amüsiert daneben und es juckt mir in den Fingern, noch etwas Öl ins Feuer zu gießen, doch ich beherrsche mich. Da kommt die Nummer eins auf der Ergebnisliste

nichts ahnend und neugierig auf uns zu. „Steht schon was drauf?“, fragt sie und die anderen verstummen. Ich sehe, wie jemand heimlich eine Handgranate scharf macht. Mit gespieltem Erstaunen und einem gönnerhaften Lächeln nimmt sie das Ergebnis zur Kenntnis und macht sich davon. Wenn Blicke töten könnten …

Doch wir sind noch nicht so weit, unser Fest muss erst noch beginnen. Nachdem wir uns selbst aus den A-, L- und M-Dressuren der ländlichen Turniere hinausbefördert haben, sind wir in einer Welt gelandet, von der wir wenig verstehen. Das Gelände wird überwiegend von Mädchen und jungen Frauen bevölkert, die aus gigantischen Lastwagen herausgeklettert kommen. Manchmal sitzen sie selbst hinter dem Steuer, doch meist wird er von einem stolzen Vater gelenkt. Ich frage mich dann jedes Mal, was ich in meinem Leben falsch gemacht habe, dass ich nicht auch solch einen Laster habe, der in etwa so teuer ist wie mein Haus (wenn nicht sogar teurer) und in dem sich (neben dem Pferdeabteil mit Solarium, Ankleideraum und Sattelkammer) ein Badezimmer mit Whirlpool, ein Fitnessraum, ein Schlafzimmer, ein Speisesaal (mit Kochinsel), ein Meditationsraum fürs Personal, ein Kinderzimmer und ein Parkplatz für drei angeberische Mini-Motorräder befinden, auf denen Pferdepfleger Dressurzylinder zum Viereck bringen und mit eilig abgewickelten Bandagen zurückkommen – was sie ein wenig aus-

sehen lässt wie Arnold Schwarzenegger auf einem Falabella-Pony. Alles an diesen Lastern funktioniert hydraulisch, ein geräuscharmer Generator schnurrt den ganzen Tag und versorgt die Sauna und die vier Videorekorder mit Strom. Ach ja, und fahren kann man mit dem Gefährt auch noch.

Völlig erstaunt bin ich, wenn ich sehe, was auf den Seiten des Lastwagens steht: Van Geelen, Ulft, Tiefbauarbeiten und Mosaikpflaster. Es muss eine wahre Goldgrube sein, im Dreck anderer Leute zu wühlen. Offenbar hat man dann, bevor die eigene Tochter neunzehn ist, so viel Geld damit verdient, dass sich davon ein fahrbares Landhaus für zweihundertfünfzigtausend Euro erstehen lässt, mit dem sich allerdings, soweit ich es beurteilen kann, überhaupt keine Erde oder Zierpflastersteine transportieren lassen.

Unser Pferd bewegt sich noch etwas unsicher auf dem Abreiteplatz. „Kenne ich dich nicht vom Fernsehen?" fragt es einen Schimmel, der hochnäsig zur anderen Seite blickt und dann ein paar Piaffen vorführt, obwohl das heute überhaupt nicht auf dem Programm steht. Ich muss noch einmal zwischen dem Abreiteplatz, unserem bemoosten Anhänger und dem Viereck hin- und herlaufen, weil ich die Videokamera vergessen habe! Ich überlege kurz, ob ich ein Mädchen in einem Reitrock von ihrem motorisierten Tretroller scheuchen und damit eine Spritztour machen soll, doch ich beherrsche mich. Schließlich bin ich hier in vornehmer Gesellschaft.

Nachtruhe

Klick. Das Nachttischlämpchen geht an und ich werde wachgerüttelt. „Ich hörte gerade so etwas wie ‚Klonk'!" sagt meine Frau voller Panik. „Unsere Pferde tun doch den ganzen Tag nichts anderes als ‚Klonk' zu machen", versuche ich meine Nachtruhe zu retten. „Holzställe, große träge Viecher mit Eisenschuhen – was glaubst du denn, was passiert, wenn sich so ein Gaul im Schlaf ausstreckt?"

Doch meine Frau hört mir schon gar nicht mehr zu. „Geh mal eben nachschauen", kommandiert sie. „Geh doch selbst, es sind deine Pferde", versuche ich es, doch ich weiß bereits, wie die Sache ausgehen wird. Pferdedamen haben furchtbar starke Beine und wie von einem Bagger werde ich aus meinem Bett geschoben. „Ich war nämlich gerade eingeschlafen", ist ihr unnachahmliches Argument.

Schimpfend greife ich zu einem knallroten Damenmorgenmantel und gehe barfuß in meinen Holzschuhen in die frostklare Nacht hinaus. Ich sehe ein paar erstaunte Pferdeköpfe: „Was machst du denn hier? Wir schlafen, falls es dir nichts ausmacht." Ich schalte das Licht an und die Pferde protestieren blinzelnd. Eine Luke bleibt jedoch leer. Der Jährling! Als ich über den Rand der Tür blicke, sehe ich etwas, von dem ich bereits viel gehört, das ich jedoch noch nie gesehen habe. Der Teenager liegt dicht an der Holzwand, seine Beine sind, merkwürdig gebogen, gegen die Wand ge-

stemmt und der Kopf ruht jämmerlich flach auf dem Boden. Einen Augenblick lang sehen wir uns schweigend an. „Ich liege fest“, sagt mir sein trauriger Blick, „ich kann nicht mehr aufstehen.“

Ich werde erst einmal meine Frau aus dem Bett holen, denn es gibt Grenzen in meinem selbstständigen Handeln, vor allem mitten in der Nacht und insbesondere, wenn es etwas Ernstes ist, über das meine Frau dank der Fachliteratur sicher Bescheid weiß. „Der Jährling liegt fest“, stürme ich ins Schlafzimmer. Sie steht bereits neben dem Bett und zwischen sechs „Shit“-Rufen und den vierzehn Treppenstufen nach unten erklärt sie mir, dass ein Pferd sich beim Festliegen leicht die Beine brechen kann („Dann kann man es wegbringen“), sein Darm sich verknoten könnte („Das ist die Todesursache Nummer eins bei Pferden“) und man sich selbst großer Gefahr aussetzt, wenn man ein festliegendes Pferd wieder flottmachen will. Wegen Letzterem beschließe ich, meine Reitkappe aufzusetzen, sodass ich nun, barfuß in meinen Holzschuhen, den Körper in einen knallroten Morgenmantel gehüllt und mit einer schwarzen Reitkappe auf dem Kopf vorsichtig den Stall betrete. „Und jetzt?“, frage ich. Das arme Tier schaut mich einfältig an, die Beine noch immer gebogen und gegen die Wand gestemmt.

Ich verlasse den Stall wieder und meine Frau geht hinein. Diesen Stalltanz wiederholen wir viermal. Dann ruft sie plötzlich, dass wir es herumreißen müssen, dies jedoch lebensgefährlich sei. „Denk daran, dass du nicht getreten

wirst“, warnt sie mich, doch das sollte sie meines Erachtens besser dem Pferd sagen. „Vielleicht sollten wir einen Schal benutzen“, schlägt sie vor, ohne dass ich vorläufig den Nutzen dieser Maßnahme erkennen kann.

Nun stehen wir beide im Stall und ich ergreife ein Hinterbein. Das Pferd bleibt regungslos liegen. Meine Frau greift ein Vorderbein und mit leiser Stimme redet sie dem Pferd gut zu. Dann machen wir „Eins, zwei – und hopp“, wälzen das erstaunte Tier, wie eine Roulade in der Pfanne, auf den Rücken und in den Stall hinein. Es schlägt noch nicht aus, doch vor einem schnellen Jährlingstritt gewarnt, springe ich drei Meter nach hinten, obwohl es nur Platz für anderthalb Meter gibt. „Klonk!“ macht es, als ich mit dem Kopf gegen die Wand stoße. Zum Glück habe ich eine Reitkappe auf. Das Pferd steht auf, schüttelt sich und kommt auf mich zu, um mir seinen Dank zu bezeigen – denke ich. Doch es sieht mich nur kurz an – „Was tust du in meinem Stall?“ – und beißt mir ins Schlüsselbein: Es ist kastriert, weiß es offenbar selbst aber noch nicht.

Während ich mit einem allmählich einsetzenden Kopfschmerz aus dem Stall hinke, ist meine Frau damit beschäftigt, das Tier zu streicheln. „Hast du dich erschrocken, mein Schatz?“ Ich schlendere zurück ins Haus und sehe mich einen kurzen Moment in der Spiegelung eines Fensters. Nackte behaarte Beine, roter Morgenmantel und eine Pony-Club-Mütze auf dem Kopf. Wäre ich diesem Typen in meinem Stall begegnet, hätte ich ihm auch ins Schlüsselbein gebissen.

Spitzenpferd

Bergsteiger fallen im Gerichtssaal streitend übereinander her. Haben sie den Gipfel nun erreicht oder nicht oder haben sie nur für das Foto bezahlt? Wenn man die Spitze haben möchte, muss man die Spitze kaufen, soll einer von ihnen gesagt haben.

Das brachte mich auf eine Idee. Die Stümpereien meiner Frau auf ihren selbst trainierten Ackergäulen bietet keinerlei Aussicht auf die Teilnahme an der nächsten Olympiade. Also beschloss ich, es einmal auf einem anderen Wege zu versuchen. Ich studierte die Anzeigen in einer Pferdezeitschrift und mein Blick blieb an einer kleinen Annonce hängen, bei der mir vor allem die Worte „kein Schnäppchen" auffielen. Das war genau das, was ich tun musste. Ich schlug mit der Faust auf den Tisch. „Man lebt nur einmal", rief ich und die Katze sah mich teilnahmsvoll an.

Es wäre schön, wenn alles noch vor dem Geburtstag meiner Frau unter Dach und Fach wäre, dachte ich, rief die angegebene Mobilnummer an und machte eine Verabredung mit meinem Gesprächspartner. Während des Telefonats wurde mir noch einmal deutlich gemacht, dass ich mit einem absoluten Spitzenpreis zu rechnen hätte, irgendetwas im siebenstelligen Bereich. Zuerst verstand ich nicht recht, doch er meinte, dass das Pferd einige Millionen kosten würde.

Als ich wenig später auf dem Küchenboden und mit einer gewaltigen Beule am Kopf wieder zu mir kam, hatte ich eine Idee: Ich würde eine Hypothek auf mein Haus aufnehmen und meinen Arbeitgeber bitten, mir sieben Jahresgehälter vorzuschießen. Den Rest könnte ich mir über eine Anzeige in der Zeitung „schnell und diskret" leihen. Problem erkannt, Problem gebannt.

Der Mann am Telefon hatte mir versichert, dass es sich um ein absolutes Spitzenpferd handele, wir also bald so reich und berühmt werden würden, dass die zweieinhalb Millionen Euro dagegen ein lächerlicher Betrag wären. Gesagt, getan. Ich putzte mir die Schuhe, wusch mein Auto, zog mein versnobtestes Jackett an und fuhr zum Reitstall, wo der Gaul mit bandagierten Beinen in seinem atraumatischen Stall stand, das heißt in einem Stall, in dem es keine scharfen Gegenstände gibt und dessen Wände mit Schaumstoff verkleidet sind. Das Ganze erinnert an eine Isolierzelle, in die man tobsüchtige Gefangene einsperrt, damit sie sich dort wieder beruhigen können.

Ich zahlte zweihundert Euro an und würde den Rest überweisen; und um das Vertrauen des Verkäufers zu gewinnen, sagte ich zum Abschied: „Weißt du was, pack das andere Pferd gleich dazu, dann kriegt mein Anhänger keine Schlagseite." Anderthalbtausend Euro mehr oder weniger machen den Kohl schließlich auch nicht mehr fett.

Zu Hause angekommen, machte ich den Anhänger auf und unser Spitzenpferd trat, ungeschickt wie es war, beim Herauskommen neben die Klappe und zog sich am Verschluss der Hängerklappe eine böse Schramme an seinem Hinterbein zu. Es hinkte in den Stall, stieß mit dem Kopf unbeholfen gegen den Futtertrog und versuchte sich hin und her zu wälzen. Es rollte sich zur Backsteinmauer und konnte nicht mehr zurück. Es saß völlig fest.

Das Tier sah mich unglücklich an und ich versuchte es vorsichtig am Schweif aus seiner Position zu befreien. Doch sechshundert Kilo lassen sich nicht so einfach wegziehen. Zusammen mit dem Spitzenpferd geriet ich ein wenig in Panik. Es zappelte immer heftiger und scheuerte sich dabei die Beine ziemlich übel auf. In meiner Verzweiflung holte ich den Trecker, befestigte ein dickes, orangefarbenes Seil an seinen Hinterbeinen und am Trecker und fuhr vorsichtig an. Das schien zu funktionieren: Unter lautem Stöhnen löste sich die Fleischmasse von der Wand, und ich konnte das Tau wieder losmachen.

Das Tier war von all dem ziemlich müde geworden, denn es stand nicht mehr auf.

Einige Zeit später rief mich ein freundlicher Herr mit einem russischen Akzent an, der sagte, dass er wegen des noch nicht abbezahlten Kredits aus der Zeitung anrufe und

ich gut aufpassen solle, dass ich mir nicht demnächst aus Versehen meine Arme und Beine breche. Sehr aufmerksam von ihm.

Schweißgebadet wurde ich von meiner Frau wachgerüttelt. „Was hast du da eigentlich ständig von ‚die Spitze kaufen' geschrien?", fragte sie.

Fohlen 1

So ein Geburtsmelder ist eine praktische Sache. Ich bin in den letzten Wochen sicher ein Dutzend Mal für nichts und wieder nichts um halb drei nachts (in meinem ersten Tiefschlaf) nach unten gerannt, um im Stall, bibbernd vor Kälte festzustellen, dass unsere Stute als Einzige auf der Welt auf der Seite schläft. Das Pferd war in Deutschland besamt worden, und zwar so erfolgreich, dass das Tier nun rund war wie ein Zementmischer.

Dieses Mal piepte der Alarm jedoch etwas panischer, also hoppelte ich wieder, in Unterhosen und mit nur einer Socke an den Füßen hinter meiner Frau her in den Stall. Dort angekommen, hörten wir es stöhnen und jammern. In der Box lag die Stute, schweißgebadet, und ackerte wie ein Tier, um die Angelegenheit hinter sich zu bringen.

Hinter dem Pferd lag etwas, das aussah wie ein Plastiksack, aus dem plötzlich ein Kopf zum Vorschein kam. „Ein Fuchs!", rief meine Frau verzweifelt. Sie hatte auf eine dunkelbraune Stute gehofft, ohne Weiß, so wie die Mutter und der Vater des Vaters. „Mit einer großen Blesse!", fügte sie hinzu, während das arme Tier sich wie Houdini[3] aus seinem Sack zu befreien versuchte. Ich wurde umgehend ins Haus geschickt, um das von meiner Frau bis ins letzte Detail vorbereitete Geburtsset zu holen: Handschuhe, Schweifbandage, Desinfektionsmittel, Nabelklemme, Watte und so weiter.

3 Harry Houdini (1874–1926) – amerikanischer Entfesselungs-Zauberkünstler

Inzwischen war es meiner Frau gelungen, das Fohlen aus seiner glitschigen Verpackung herauszuholen. „Die Stute muss aufstehen“, rief sie mir zu. „Das musst du ihr selbst sagen“, versuchte ich es mit einem Scherz, doch einen ungeeigneteren Moment hätte ich mir dafür nicht aussuchen können. Also ging ich ebenfalls in die Box, doch die Stute war noch jenseits von Gut und Böse und zeigte nicht das leiseste Bedürfnis aufzustehen. Ich zerrte einige Male vergeblich an ihrem schweißnassen Kopf, doch nach einer Weile stand sie plötzlich von selbst auf. Sie schwankte auf ihren Beinen und wäre fast wieder umgefallen, um das Fohlen sowie das ihr zugeneigte Frauchen und Herrchen zu zerschmettern. Die Nabelschnur war bereits durchtrennt und so konnten wir nun dem Fohlen den Nabel desinfizieren. Während uns die umhertaumelnde Stute ständig zu überrennen drohte, hob ich ein Hinterbein des auf dem Boden liegenden Fohlens an, während meine Frau mit dem Jod loslegte. „Oh nein, ein Hengst, und auch noch einer mit drei weißen Beinen.“

Keine Scherze, so viel wusste ich noch, also auch keine Bemerkungen über Zurückstopfen oder Ähnliches. „Er muss aufstehen und die Biestmilch trinken“, sagte meine Frau in Panik. Ich sah die Verzweiflung in ihren Augen. „Und vielleicht hat sie gar keine Milch, du wirst sehen, typisch für uns, dann müssen wir auch noch zu einer Ammenstute …“ Aber dann schnauzte sie mir zu: „Hol du jetzt mal die Saugflasche vom Nachbarn!“

... Was für ein Aufstand!
Beeil' dich, es ist ihr erstes!

In diesem Moment hatte die Stute ihr Gleichgewicht wiedergefunden und plötzlich wurde ihr klar, was um sie herum geschah. Sie drehte sich entschlossen um und übernahm die Führung. Mit einem höflichen, aber bestimmten Stups mit der Nasenspitze schob sie uns sanft aus dem Stall. „Lasst mich jetzt mal alleine weitermachen."

Während meine Frau händeringend zusah, leckte die Stute das inzwischen herumkriechende Pferdebaby sauber und mit ein paar sanften Schubsen und zärtlichen Tritten ihrer enormen Hufe half sie ihrem Kind auf die Beine. Meine Frau kam mit sechs Büchern angelaufen, aus denen sie mit sich überschlagender Stimme vorlas, was jetzt noch alles schiefgehen könnte. Doch als wir aufsahen, trank das Fohlen an der stolzen Mutter.

Als dies alles vorbei war, merkte ich, dass überhaupt nichts vorbei war. Kein einmaliges, schönes und spannendes Erlebnis. Nein! Wir hatten still und leise ein weiteres Pferd dazubekommen. Da war ich also wieder einmal schön in die Falle getappt!

Füttern

Wenn man Pferde hat, darf man sie auch unterhalten. Dafür muss man zunächst seine Hypothek aufstocken und Monatszeitschriften abonnieren, die Namen tragen wie Gaul und Geld, Pferd und Kredit oder Zosse und Zaster, sodass man weiß, wie die finanzielle Zukunft aussehen wird. Als ich mich seinerzeit hatte überreden lassen, ein – was wir dann bald feststellten, ziemlich widerspenstiges – Pferd zu kaufen, wurde mir gesagt, dass Pferde nichts weiter brauchen als Gras, Wasser und Licht.

Doch nichts ist weniger wahr. Pferde fressen Kraftfutter. Aber nicht das gewöhnliche Kraftfutter, denn das enthält zermahlene Hühnerfedern und fermentierte Fischköpfe, wie wir auf der Verpackung lesen können. Unser Pferd braucht ein natürliches Kraftfutter, das selbstverständlich um die Hälfte teurer ist als das normale. Als sich dann etwas später jedoch, nach einem Wünschelrutengang, herausstellte, dass die Widerspenstigkeit des Pferdes auf direktem Wege von diesem Kraftfutter herrührte, wurde ein noch teureres Kraftfutter angeschafft, importiert von der Kraftfutter-Mafia und zu Wucherpreisen an hilflose Trottel wie uns verkauft. Nach der Einführung des Euro blieb alles wunderbar übersichtlich: Was zuvor siebzehn Gulden gekostet hatte, kostete nun siebzehn Euro.

Nun kann ein Pferd natürlich von Kraftfutter allein nicht

leben; man muss regelmäßig Hafer beimischen, wenn man auch einmal den höchsten Gang benutzen will. Und weil Pferde bedauernswerte Geschöpfe sind, brauchen sie – für den Geschmack – auch hin und wieder einen leckeren Brei, bestehend aus Kräutermüsli, Leinsamen, Kleie und warmem Wasser. Man sollte meinen, dass dies alles in allem eine sehr abwechslungsreiche Nahrung ist, doch Pferde brauchen außerdem noch Heu und Stroh. Das Heu sei zum Fressen und das Stroh für die Box, wurde mir erklärt, doch eines unserer Pferde war da offenbar anderer Auffassung und fraß genussvoll einen ganzen Ballen Stroh auf, sodass es am nächsten Morgen triumphierend in einer – bis auf einen braunen Matsch – leeren Box stand. Heu ist also zum Fressen da, aber Stroh manchmal auch.

Das Heu kostete anfangs zwei Euro den Ballen. Eines Nachmittags bog nun unser Nachbar, ein Bauer mit einem knallrot überhitzten Kopf, auf den Hof. „Kalmann, hess du noch Interesse an een poar Baalen Haai?"[4], rief er und erklärte mir dann, dass es in ein paar Stunden Regen geben und er deshalb jetzt mal das Heu einholen würde. Ob ich ihm dabei helfen wollte – was eine ziemliche Herausforderung für jemanden mit Heuschnupfen ist.

Als wir die Ballen endlich eingefahren hatten – gerade noch rechtzeitig, bevor der Regen einsetzte – und, mangels Genever, beim Orangensaft saßen, rechnete ich mit dem Bauern ab, der noch ein paar Mal lauthals verkündete, dass es „ganz wunnerboaret Haai"[5] sei.

4 „Kalmann, hast Du noch Interesse an ein paar Ballen Heu?"
5 „, dass es ganz wunderbares Heu sei.

Nach etwa sechs Wochen, als wir den ersten Ballen Heu aufschnitten, setzte dann der Schreck ein. Mit einem lauten Puff! sprang der Ballen auseinander und verbreitete, während wir hustend unser Heil suchten, eine Wolke aus grünem Schimmel. Wir wollten jedoch keinen Streit mit dem Nachbarn, deshalb schwiegen wir und trugen unsere Niederlage mit Würde. Jeden Monat ein paar Ballen auf den Misthaufen, so würden wir das schimmelige Zeug schon loswerden. Ein anderer Bauer brachte uns, mürrisch und mit sichtlichem Widerwillen, eine neue Fuhre Heu, die natürlich um einiges teurer war.

Da unser Stroh fressendes Pferd inzwischen schon fast nicht mehr durch die Stalltür kam, musste es vom Stroh entwöhnt werden – also bestellten wir eine Ladung Sägespäne. Doch das ist leider etwas teurer als Stroh und der Dung, der daraus entsteht, brachte den Bauern, der regelmäßig unseren Mist abholte, zur Raserei – mit entsprechender Preiserhöhung für seine Dienstleistung.

Neulich hat mir meine Frau zum Geburtstag eine Sense geschenkt, und so spaziere ich nun glücklich und zufrieden mit der Schubkarre an den Straßenböschungen in unserer Umgebung vorbei und mähe Gras. Gratis Pferdefutter, wo gibt es so etwas schon noch, und es kostet mich höchstens vier Stunden pro Tag!

Fliegen

Dank des Treibhauseffektes wird man in Kürze einen spottbilligen Urlaub mit viel Sonne und Strand in Sibirien machen und die Olympischen Winterspiele in Mosambik abhalten können. Doch auch bei uns sind die Auswirkungen des Klimawandels zu spüren.

Ich laufe fröhlich zum Stall, wo meine Frau auf dem Putzplatz gerade am Herumkramen ist, und lese ihr einen Zeitungsartikel vor, in dem steht, dass es eine Fliegenplage gibt. „Was du nicht sagst", schlägt sie die Augen gen Himmel. Sie ist damit beschäftigt, unsere Stute in eine Art Burka zu hüllen, ein rundum geschlossener Umhang aus feiner Gaze mit unzähligen Klettverschlüssen und einer Art Ku-Klux-Klan-Maske für den Kopf. Der Gaul leidet an einem Sommerekzem und dann sind sogar die ersten, fast unsichtbar kleinen Fliegen eine Tortur für die Stute. Es juckt sie dann so sehr, dass sie sich aus lauter Verzweiflung blutig scheuert und dabei das gesamte Stallmobiliar zerlegt. Der Umhang hilft ein wenig, die Qual zu ertragen.

Die anderen Pferde haben kein Sommerekzem, doch derzeit, mit dieser Fliegenplage, haben sie es auch nicht einfach. Jetzt hat meine Frau allerdings, nach allerlei Sprays und Salben, endlich etwas gefunden, was so eklig ist, dass Fliegen würgend und kotzend das Weite suchen, wenn man es auf das Pferd sprüht: Hirschhornöl. Ich will es einmal so ausdrücken: Wäre ich ein Pferd, würde ich lieber ein paar

Fliegen auf meinem Hintern ertragen, als so intensiv nach Tod und Verderbnis stinken zu müssen. Aber gut, es hilft – zumindest, bis unser Ältester (und Weisester) einen Koller bekommt und trotz seines vorangeschrittenen Alters wie ein Jährling durch die Weide springt: bockend, tanzend, alle vier Beine gleichzeitig in die Luft, um mit einer Grätsche zum Stillstand zu kommen und sich anschließend wüst hin- und herzuwälzen. Er springt auf, vollführt zwei Pirouetten und jagt wie der Blitz über die Weide. „Wusstest du, dass Milchkühe, denen man im Stall Musik von Mozart vorspielt, sehr viel mehr Milch produzieren als Kühe, denen man AC/DC zu hören gibt?", frage ich und meine damit das Rock Radio, das ständig in unserem Putzplatz läuft.

Doch selbstverständlich ist jetzt nicht die Zeit für Scherze. „Er hat etwas", lautet ihre messerscharfe Diagnose, und ich fragte mich, ob es so etwas wie „Pferdetollwut" gibt. Inzwischen haben wir das Tier eingefangen und es in den Stall gebracht, wo es herumrandaliert und sich dabei immer wieder in den Bauch beißt. „Er hat eine Fliege", ruft meine Frau und betritt unter Gefahr von Leib und Leben den Stall. Ich muss das schnaubende Tier festhalten, was gar nicht so einfach ist.

Dann passiert es. Meine Frau ruft gerade: „ Ich glaube, ich sehe, was es ist" und bückt sich. In diesem Moment schlägt das Pferd aus – meine Frau wird dabei voll getroffen.

Wir sind alle einen Moment perplex. „Er hat mich getreten“, sagt sie fassungslos. Das beste aller Pferde, süß, zuverlässig und anhänglich – durch und durch –, so vorsichtig, dass es bei uns die Spülmaschine ausräumen darf, hat sie getreten!

Doch es ist nicht allzu schlimm, nur ein blauer Fleck, der in einer Woche wieder verschwunden sein wird. Und die Fliege sitzt immer noch da. „Halt ihn jetzt gut fest!“ „Pass doch auf!“ „Dass du ihn bloß gut festhältst!“ – Und ich versuche, das sich aufbäumende Pferd unter Kontrolle zu halten. Sie greift mit einer schnellen Handbewegung unter den Bauch und ruft: „Ich habe es!“ Wir gehen aus dem Stall und beugen uns über den Bösewicht: ein braunrotes Monster mit kleinen, krummen Vorderbeinen, die Krebszangen ähneln.[6]

Meine Frau wirft den Käfer auf den Boden und stellt den Fuß darauf. „So, das wär's, du Aas. Du wirst keinem Pferd mehr etwas zuleide tun!“ Doch das Insekt ist davon unbeeindruckt. Wahrscheinlich trägt es eine Schutzweste. Ich versuche es auch einmal mit meinem Holzschuh, doch das Tier schüttelt kurz seine kleinen Flügel hin und her und sieht uns gemein an: „Ist das alles, ihr Weicheier?“ Ich schlage nun mit der Bürste auf das Insekt ein, dann, als das nichts hilft, mit einem Hufkratzer und schließlich mit einem alten Hufeisen und einem Besen. Doch das Biest bleibt nur kurz liegen und fliegt dann weg, auf der Suche nach einem neuen Opfer. Ich glaube, man nennt das einen fliegenden Wechsel.

6 Es handelt sich hierbei um eine Gattung der Lausfliege, ein blutsaugendes Insekt mit krallenbewährten Beinen zum Festklammern. Durch Herumwandern der Lausfliege kommt es zu Unruhe und Juckreiz, der Stich ist sehr schmerzhaft (ähnlich dem Stich einer Biene). Pferde reagieren oft panisch.

Fohlen 2

Junge Tiere sind niedlich, junge Pferde sind besonders niedlich. Und da wir dies wissen, kommt es leider nicht immer der Erziehung unseres Fohlens zugute. Meine Frau hat mich umfassend instruiert, was sein darf und was auf gar keinen Fall sein darf. Beißen geht nicht, das muss man mit einem sanften, aber strengen Klaps auf das Näschen bestrafen. Und ganz schnell aus dem Stall hinausrennen geht schon gar nicht. Doch es missbraucht seine Niedlichkeit und macht, worauf es gerade Lust hat.

Dennoch muss das Fohlen es lernen, sonst wird es ein widerspenstiges Ding. Die Füße hochheben, wenn der Hufschmied kommt. Das mag es gar nicht, und deshalb demonstriert es dann gern, dass es noch aus Gummi ist. Das Füßchen halten wir pädagogisch streng zehn Sekunden lang hoch, aber es legt sich derweil hübsch gemütlich hin. Das Halfter mag es auch nicht – dabei ist es ein Halfter mit vierzehn knalligen Farben. Wenn wir den Stall betreten, versteckt es sich rasch hinter seiner Mutter.

Auch der Gang zur Weide gestaltet sich völlig anders, als es in den Büchern steht. Wie ich häufig auf Fohlenschauen beobachten konnte, gehört es sich für ein Fohlen, sicher und behütet neben der Mutter her zu hoppeln, doch unser junges Leben denkt darüber völlig anders und läuft so schnell es kann zur anderen Seite. „Eben nachsehen,

was es dort drüben gibt", und die Stute ruft es mit müder Stimme zurück. „Bleib jetzt ein bisschen bei mir in der Nähe, ich möchte mal eben einen Moment in Ruhe grasen." Also glücklicherweise brauche ich nicht in einem weißen Anzug mit Stute und Fohlen vorzutraben, weil dann wahrscheinlich kein Fohlen dabei wäre.

Früher sagte meine Mutter immer: „Du kommst nur noch zum Schlafen nach Hause. Das ist hier doch kein Hotel." Und das höre ich die Stute nun auch stöhnen. Das Fohlen schaut bei ihr nur noch kurz vorbei, um zu trinken, und rennt dann wieder schnell weg, um an einem Zweig zu schnüffeln oder fünfmal über ein Brett zu springen. Manchmal versucht es auch etwas von seiner Mutter zu lernen und macht sie nach. Dann steckt es die Nase in einen Eimer mit Wasser, aus dem seine Mutter gerade getrunken hat, und kommt erstaunt prustend zu der Entdeckung, dass man davon nass wird.

Nach drei Wochen bekommt es plötzlich große, unsympathische Zähne, mit denen es äußerst hinterhältig kleine Hautfalten an meinem Arm oder Bein festhalten kann. Mit diesen Zähnen unternimmt es denn auch den Versuch zu grasen. Das tun all die großen Monster schließlich auch, aber Gras sagt ihm gar nicht zu und es fegt auf seine Mutter zu, macht eine Grätsche und beißt sich am Euter fest, aus dem es gierig trinkt. Danach bespringt es die Stute und steht schließlich mit den beiden Vorderbeinen auf dem Hinterteil seiner stoisch weiterfressenden Mutter.

Die macht ein paar Schritte zu einem schmackhaften Grasbüschel und der junge Schelm läuft in Polonaise hinter ihr her.

Meine Frau kann zu Tränen gerührt sein, wenn sie den Stall ausmistet und dort die kleinen Pferdeäpfel liegen sieht, doch für mich ist Mist einfach nur Mist. Alle Tage wieder. Und der Mist muss auch noch aus der Weide geholt werden, sieben Tage pro Woche. Am Sonntag soll man eigentlich nicht arbeiten, doch die beiden können, zusammen in einer Box, einiges an Dreck produzieren. Also stehe ich mit Mistgabel und Schubkarre bereit, während die Nachbarschaft zur Kirche eilt. Auch am Sonntag muss man seine Tiere versorgen, deshalb, glaube ich, wird man wohl darüber hinwegsehen. Denn Mist gibt es jeden Tag.

Jerry

Im Allgemeinen scheinen mir Pferde nicht sonderlich schlau zu sein. Sie lassen uns zwar auf ihrem Rücken sitzen, apportieren aber keine Stöckchen und von einem Wachpferd oder einem Blindenpferd habe ich auch noch nie gehört. Jerry, unser ungezogenes Pony, ist das einzige, das etwas Besonderes kann: Es versteht es, wenn auch mit viel Krach und vorzugsweise mitten in der Nacht, selbst sein Gatter aufzumachen.

Die Stalltür bei echten Pferden besteht aus einer Unter- und einer Obertür. Normalerweise stehen sie, wie man es aus Filmen kennt, hinter einer geschlossenen Untertür und sehen nach draußen. Doch Jerry ist so klein, dass er bei geschlossener Untertür völlig isoliert von seiner Umwelt wäre. Deshalb haben wir für ihn eine Absperrung aus Segeltuch gemacht, die wir auf beiden Seiten mit jeweils drei Schließen am Rahmen befestigt haben. Das schien uns eine gute Idee zu sein, doch was macht er? Er rüttelt so lange an den Verschlüssen der Absperrung, bis sich die unterste Schließe löst und er wie ein Limbotänzer unter der Plane hindurchkriechen kann.

Wenn wir morgens zum Füttern kommen, ist sein Stall leer. „Jerry! Jerry!!!" hören uns unsere Nachbarn dann rufen und sie wissen, dass es wieder einmal so weit ist. Was uns bleibt, ist die Vision eines komplett umgepflügten und

ratzekahl leer gefressenen Nachbargartens, eines Gartens, in dem der Rasen mit einer Nagelschere gestutzt wird und der Herr des Hauses im Herbst zweimal am Tag alle Bäume schüttelt, um dann erschrocken alle herabgefallenen Blätter zusammenzuharken. Wenn Jerry sich dort einmal so richtig ausleben würde, könnten wir die durchschnittlich zwei Sätze, die wir pro Jahr mit diesem Nachbarn reden, getrost auch noch vergessen. Es würde die gegenseitigen Beziehungen, wie man so sagt, enorm abkühlen.

Doch es zeigt sich, dass Jerry andere Pläne hat. Er ist aus dem Stall geflüchtet und über den Eingang zum Putzplatz zur großen Vorratskammer für Tierfutter vorgedrungen. Dort hat er, womöglich unter den fassungslosen Blicken der beiden großen Burschen hinter ihren Gittern, alle Futtertonnen umgeworfen und, sich im Schlaraffenland wähnend, so viel von dem Kraftfutter, dem Hafer und der Kleie gefressen, bis er keinen Piep mehr sagen kann. Nicht einmal mehr jenes knappe „Hä hä hä“, mit dem er uns normalerweise begrüßt.

Immerhin schafft er es noch, eine Runde zu drehen, um kaputt zu machen, was ihn kaputt macht – aus Rache für seine Gefangenschaft. Er wirft ein paar Fläschchen mit Medikamenten um, zerbeißt den Wasserschlauch und macht sich dann auf zum Speicher, um dort im Heu genüsslich sein Geschäft zu verrichten.

Dieses Mal hat er einen Schalter entdeckt, den er aus blankem Übermut mit seinem vorwitzigen Näschen umlegt. „Wofür dieser Schalter wohl gut sein mag?“, überlegt er und bekommt sogleich die Antwort. Wir haben nämlich neben dem Stall eine elektrische Wasserpumpe mit einem Schlauch, der in den Stall führt und dazu dient, den Pferden nach getaner Arbeit die Beine abzuspritzen. Mit dem Schalter wird die Pumpe in Gang gesetzt, und als wir, nach dem x-ten Mal, an dem wir Jerry nicht in seinem Stall vorfinden und unter „Jerry,-wo-steckst-du?“-Rufen den Putzplatz betreten, kommt uns ein gewaltiger Schwall Wasser entgegen, der sich nach draußen ergießt, als wir die Tür öffnen. Was da nicht alles an uns vorbeitreibt: Futtertonnen, Bürsten und Bandagen, aber auch Reitstiefel und andere kostbare Lederwaren. In den Ställen bleibt ein Brei aus halb aufgelöster Kleie, vermischt mit Getreide, Heu, Stroh und Pferdeäpfeln zurück.

„Hallo, kleines Pferdchen“, sag ich dann und beiße mir, wie so oft, in die Innenseite meiner Backe. Während ich ihn unter dem Kinn kraule, rechne ich ihm vor, wie viel ich vom Rossschlachter für ihn bekommen würde. Jerry schaut mich liebenswürdig an und beißt mir in den Finger.

Jerry

Der Reitplatz 2

Eine Dressurreiterin muss üben können – das liegt sowohl im Interesse des Pferdes als auch der Reiterin, vor allem aber ihres Lebensgefährten. Wenn meine Frau nicht reiten kann, hängt sofort der Haussegen schief. „Alle haben einen normalen Reitplatz. Nur ich muss mich durch einen halben Meter Dünensand quälen, in dem überall auch noch steinharte Stellen sind." Und sie reitet davon – ti-klock-ti-klack – in Richtung Heide.

Während ich in der Küche sitze und mir die Haare raufe, fällt mein Blick auf eine Anzeige in der Pferdezeitschrift, die sie mit einem roten Stift eingekreist hat. „Die Lösung für Ihren Dressurplatz" wird mir darin versprochen. Ich rufe also an und ein netter Verkäufer erklärt mir, dass ein paar Ballen Teppichschnipsel aus unserem Reitplatz einen perfekten „Allwetter"-Platz machen würden. So ein Ballen ist eigentlich gar nicht einmal teuer, also bestelle ich gleich acht davon. Ein Laster bringt sie zwei Tage später, und als ich die Stricke durchgeschnitten habe, mit denen die Schnipselwürfel zusammengehalten werden, stehe ich wieder einmal vor einem großen Berg, der verteilt werden will – diesmal kein Lehm oder Flussklei, sondern rote, violette, grüne und braune Teppichschnipsel.

Nach zwei Tagen ununterbrochenen Harkens liegt eine dünne Schicht Schnipsel gleichmäßig auf dem ganzen Platz

verteilt. Ich stehe mit schmerzendem Rücken da und schaue zufrieden zu, wie meine Frau zum ersten Mal den neuen Reitplatz ausprobiert. Doch es ist eine Riesenenttäuschung: Überall dort, wo das Pferd gewesen ist, ist die Schnipselschicht weggetreten und gibt den Blick auf den Sandboden mit den vielen Fallgruben frei.

Also stehe ich wieder allein auf dem Platz, das sich langsam entfernende, vorwurfsvolle Ti-klock-ti-klack im Ohr. Ich rufe den Teppichschnipsellieferanten wieder an – und habe Glück: Er ist gerade in der Gegend und will noch am selben Nachmittag vorbeikommen. Er kratzt ein wenig mit seinen Hacken im Boden herum, mustert fachmännisch – mit schief gehaltenem Kopf, dabei ein Auge zugedrückt – den Reitplatz, zieht einen Taschenrechner heraus und rechnet mir vor, dass ich noch zweiundsechzig zusätzliche Ballen Teppichschnipsel brauche, wenn ich eine „homogene" Schicht aus zwanzig Zentimeter Sand mit Schnipseln haben möchte.

Kopfschüttelnd erzähle ich die Geschichte später meiner Frau, als Beispiel für die Absurditäten des Alltags, doch sie sagt nur „Okay!" und vertieft sich wieder in ihre Fachliteratur. Messerscharf schließe ich daraus, dass ich eine dritte Hypothek werde aufnehmen müssen und mich außerdem angesichts der zweiundsechzig Ballen Teppichschnipsel, die ich anschaffen und verteilen muss, endgültig mit dem Gedanken an Frühinvalidität anfreunden kann.

Drei Wochen später bin ich mit dem Harken fertig und sitze, etwas säuerlich und gebrochen, doch auch mit einem Gefühl der Zufriedenheit auf einem Stuhl und beobachte meine Frau, die nun schon zum zweiten Mal und ohne Murren den Platz abreitet. Das Problem scheint also, nach gut und gerne acht Jahren Herumgemurkses gelöst. Doch nichts ist, wie es scheint, und eine zufriedene Amazone ist es schon gar nicht.

Es ist Frühling und unser Nachbar, der ein gutes Stück von uns entfernt wohnt, hat Kinder in allen Altersklassen, die unbedingt eine Spielwiese brauchen. Nun hat sich dieser Nachbar überlegt, dafür ein Stück Gelände zu nutzen, das unmittelbar an unseren Reitplatz grenzt. Wenn die Spielwiese erst einmal fertig ist, wird es eine Art Freizeitpark mit Rutschbahnen, Trampolinen, einer Torwand und acht kleinen Ziegen, die den ganzen Tag quengelnde Kinder nachahmen. Die sechs Kinder, die noch im Vorschulalter sind, spielen dort täglich, nachmittags erhalten sie dann kreischend Gesellschaft von den übrigen sieben, die bereits zur Schule gehen. Mein „Ach, es sind doch nur Kinder" ist Öl ins Feuer meiner Frau. Das Geschrei wirke sich nicht harmonisierend auf das Verhältnis zwischen Reiterin und Pferd aus, und wenn die Reiterin dann ihren Siedepunkt erreiche, könne das Pferd darunter leiden – und das wollen wir natürlich nicht. Meine Frau hat die Idee, um das Problem zu lösen: „Der Reitplatz müsste nicht an der Rückseite der Wiese liegen, sondern an der Vorderseite. Dort wird man von niemandem gestört."

Ich rufe den Lohnunternehmer an und erhalte wenig später einen „Aktions- und Arbeitsplan“, eine Kalkulation, ein Angebot und ein Formular für eine Auftragsbestätigung. Ein Löffelbagger trägt an Punkt B eine Schicht Gras und Erde ab und wirft es auf einen Haufen. Anschließend wird die „homogene Lage“ aus Schnipsel und Sand an Punkt A abgetragen und sauber wieder an Punkt B verteilt. Schließlich wird die Erde mit den Grassoden zum Punkt A gebracht und auseinandergeschoben, sodass in zwei Jahren die Pferde wieder ruhig darauf grasen können. Der neue Platz ist perfekt, durch den Umzug sogar noch homogener als zuvor – und überdies an einer kinderlosen Stelle. Ich habe viel dafür auf mich nehmen müssen, aber ich bekomme auch so viel dafür zurück …

Anreiten 1

Ein etwa dreijähriges Pferd kann noch nichts. Es ähnelt einem etwas zu lebenslustigen Pubertierenden, der plötzlich sehr groß geworden ist, das jedoch selbst noch nicht weiß. Und das kann echt ein Problem sein.

Wir haben so einen lustigen Gesellen im Stall stehen. Er verhält sich noch immer wie ein junger Hund, der einem gern auf den Schoß springt, doch er ist inzwischen bereits größer als all die anderen Gäule, die wir bei uns stehen haben. Nun haben wir die Pferde natürlich nicht, um unser Futter und das Gras loszuwerden. Sie müssen sich durch eine lange Schulung und viel Training hocharbeiten, dabei immer das Ziel fest vor Augen, eines Samstagmorgens um halb sechs im Anhänger losfahren zu dürfen, um dann um halb sechs am Nachmittag wieder zurück zu Hause zu sein, zusammen mit einem zermürbten, schlecht gelaunten Herrchen und einem freudestrahlenden Frauchen, das wieder um eine Auszeichnung und einen Becher reicher geworden ist. Also fangen wir an und machen wir uns auf den langen, dornenreichen Weg vom Embryo zum Fliegenden-Wechsel- und Pirouettenwunder.

Ein dreijähriges Pferd weiß nicht wirklich, was Longieren bedeutet. Schlimmer: Es hat noch nie etwas vom Longieren gehört. Ich dachte immer, dass ein Pferd so etwas einfach kann, so wie ein Hund bellt und ein Papagei „Drecksgaul“

sagt – doch weit gefehlt. Anfangs läuft unser Dressurchampion in spe brav mit zum Reitplatz. Meine Frau stellt sich in die Mitte und ich bekomme den Auftrag, nichts zu tun, ein Auftrag, der jedes Mal einen reichen Nährboden für Konflikte bietet. „Warum tust du nichts?" – „Ja, aber du hast doch gesagt …" – „Du darfst schon noch nachdenken, hörst du? Ach, weißt du was, geh einfach weg!" und so weiter.

Also versuche ich, so gut es geht, nichts zu tun, und meine Frau ruft: „Schritt!" Das Tier läuft ein paar Schritte in meine Richtung und bleibt dann verwundert stehen, wenn sich die Longe strafft. Nach vielem Hin und Her ist es endlich eine Runde im Schritt gegangen. Dann sieht es etwas Interessantes – vielleicht sogar sein Herrchen, das den Atem anhält – und fängt an zu galoppieren. Das geht auch beim Longieren, kommt sogar regelmäßig vor. Doch es möchte so schnell wie möglich von A nach B und B ist in diesem Fall genau auf der entgegengesetzten Seite des Reitplatzes, also schießt es wie ein Speer in direkter Linie darauf zu, läuft, die Longe, die meine Frau mit einem „Aua" losgelassen hat, hinter sich her schleifend, immer schneller, bis es mit einer zierlichen Grätsche am Zaun zum Stehen kommt. „Toll, dieses Longieren, nicht wahr?", schnaubt es mir zu. „Noch mal!"

Meine Frau hat die Longe wieder zurückerobert, geht in die Mitte, und das Pferd stellt sich wieder an seinem Ausgangspunkt auf. „Ich möchte, dass du Runden läufst“, erklärt sie ihm geduldig. Doch jedes Mal rennt es blitzschnell in die äußerste Ecke des Reitplatzes, meine Frau ein Stückchen mit sich mitziehend, bis sie die Longe loslässt. Nachdem sie ein Kilo Sand geschluckt hat, äußere ich den Vorschlag, beim allerersten Mal vielleicht jemanden um Hilfe zu bitten. „Denn es begreift es einfach nicht“, schließe ich rasiermesserscharf. Also muss ich Leine ziehen und das kommt mir eigentlich auch ganz gelegen.

Jetzt habe ich einen Moment Zeit, mich mit meinen eigenen Dingen zu beschäftigen, doch wegen des enormen Rückstands weiß ich nicht recht, wo ich anfangen soll, und starre ein bisschen dümmlich vor mich hin.

Nach einer Viertelstunde schlendere wieder nach draußen und höre meine Frau „Trrr-aaaben!“ rufen. Zu meiner größten Bestürzung läuft unser hoch aufgeschossener Heranwachsender artig seine Runden um sie her. Was ist das doch für eine merkwürdige Beziehung: Frauen und Pferde?

Verdammt nochmal, so tu doch was!

Anreiten 2

Unser dreijähriges Pferd muss noch viel lernen. Das Longieren geht schon recht gut, doch eines Tages wird jemand auf seinem Rücken sitzen müssen. Das scheint reiner Selbstmord zu sein, sieht man sich an, wie das Tier in der Weide herumtobt, wenn es seinen Koller bekommt. Zwei Meter hoch in die Luft mit allen vier Beinen gleichzeitig, dann auf den Hinterbeinen senkrecht in die Höhe, danach – hopp – das Gleiche auf den Vorderbeinen, während es mit seinen Hinterhufen große Klumpen Erde hoch zum Himmel befördert. Und dann mit hundertachtzig Sachen geradewegs auf das Gatter zu, um keine fünf Zentimeter davor zu entscheiden, ob es nach rechts oder nach links abbiegen will. Wir suchen Deckung vor den umherfliegenden Grasbüscheln. „Da willst du also draufsteigen?", frage ich meine Frau, während ich schon mal die Papiere für die Versicherung zusammensuche, die ich, vorausschauend wie ich bin, rechtzeitig abgeschlossen habe. Fünfundzwanzigtausend Euro bei schweren Verletzungen, das wäre dann immerhin noch ein Glück im Unglück.

Wenn ein Pferd angeritten werden soll, macht man das im Team. Schritt für Schritt. Auf dem Putzplatz sieht sich das Pferd neugierig um. Dann der große Augenblick. Meine Frau gibt ihm ganz vorsichtig einen sanften Klaps auf den Rücken. Das Pferd sieht sie verdutzt an: „Seid ihr jetzt völlig verrückt geworden? Lasst die Finger von meinem

Rücken! Oder willst du dir einen Tritt einfangen?"

Das ist also die erste Übung, die Hand auf den Rücken, später darf dann sogar eine Schabracke draufgelegt werden. Das funktioniert nur mit einer großen Menge Möhren, und das Pferd gibt nach: „Wenn es euch Spaß macht, dann legt mir eben etwas auf den Rücken – solange ich eine Möhre bekomme." Wiederum eine Woche später wird ihm – ganz, ganz vorsichtig – ein Sattel aufgelegt. Das Pferd schaut abwartend: „Komische Typen, diese Menschen." Und als es den Sattel erst einmal akzeptiert hat und sogar der Sattelgurt festgezurrt ist, finden wir, dass wir jetzt wirklich ein Stück weiter sind. Das Zaumzeug erweist sich nicht als großes Problem – darauf lässt sich schön herumkauen.

Dann wird es ernst. Wir stellen eine wackelige Futtertonne neben das Pferd und meine Frau stellt sich darauf. Das Pferd bläst die Nüstern auf und weitet die Augen, als sich meine Frau vorsichtig über den Sattel legt. Der Gaul dreht den Kopf nach hinten, um zu sehen, was dort passiert, und kann dem allen nicht mehr richtig folgen. Dann macht es einen Schritt zur Seite, sodass die Tonne über den Putzplatz segelt und meine Frau innerhalb des Bruchteils einer Sekunde wieder auf ihren Beinen steht. Das Pferd stampft unruhig mit den Hufen und zieht am Strick. Doch eine Möhre rettet die Situation.

Dann kommt die Feuertaufe. Zum ersten Mal mit dem Sattel nach draußen auf den Reitplatz. Das heißt, sich freiwillig in Gefahr zu bringen, aber irgendwann muss es ja doch einmal geschehen. Es steht da, mit diesem blöden Sattelgurt um den Bauch, meine Frau daneben, und dann passieren gleichzeitig eine Reihe von Dingen. Das Pferd sieht erstaunt in den riesigen Reitspiegel, der dort hängt. „Hey, hast du auch so ein Ding auf dem Rücken?“ Im selben Moment rast ein F-16-Kampfjet im Tiefflug über uns hinweg, mit einem solchen Krach, dass ich zwei Stunden später immer noch ein Pfeifen in meinen Ohren habe. Und als ob dies alles noch nicht genug wäre, beschließt eine abgestorbene Kiefer am Waldrand, dass es jetzt genau der richtige Zeitpunkt wäre, um unter lautem Getöse abzuknicken und mit einem ohrenbetäubendem Krachen auf den Reitplatz zu fallen. Ich halte die Luft an. Sechshundert Kilo jugendliche Energie ballen sich jetzt bestimmt zu einer Explosion zusammen, wie sie die Welt noch nicht gesehen hat ... Doch der Gaul sieht uns mitleidig an: „Habt ihr euch erschrocken? Weicheier!“

Ställe 1

Der Mann, der die Ställe bauen sollte, musste laut lachen. „Genehmigung, was ist das denn? Ich baue jetzt schon fünfundzwanzig Jahre Ställe ohne Baugenehmigung und bisher ist noch nie einer abgerissen worden." Und auch der Nachbar von gegenüber, der genau dieselben Ställe hat, die wir auch bekommen sollen, sagte: „Beantragen heißt, das Glück herauszufordern. Den Kasten einfach hinstellen!" Wenn man dann tatsächlich irgendwann einmal eine Baugenehmigung brauchen würde, weil man sich ein Schloss oder eine Garage bauen wolle, um es beziehungsweise sie für achthundert Mäuse pro Woche als Ferienwohnung an eine Rotterdamer Großfamilie zu vermieten, könne man sich immer noch an einen Rinderzüchter wenden, der gern bereit sei, in den Abendstunden eine Bauzeichnung für mich zu machen. Auch ihn bat ich deshalb um Rat und er fuhr mich in seinem grünen Mercedes 200D feixend durchs Dorf und zeigte mir gut und gerne zweitausend Schuppen, Ställe, Gartenhäuser und sogar komplette Fertighäuser aus Holz, die dort alle ohne Baugenehmigung hingestellt worden seien. „Gie koamt van buten, aower gie leert noch, wie dat geit. Nich soveel denken oder froagen, einfach machen. Geit immer gout!"[7]

Ich war also überzeugt und ein paar Samstage später stellte uns der Ställebauer mit seinem pensionierten Assistenten ein hübsches kleines Holzgebäude mit vier Boxen

7 „Sie kommen nicht von hier, aber Sie lernen noch, wie das hier läuft. Nicht so viel denken oder fragen, einfach machen, geht immer gut!"

und einem Putzplatz hin. Als wir jedoch montagmorgens gerade am Streichen und Beizen waren, bog ein Auto drohend auf unseren Hof, ebenfalls ein Mercedes 200D, diesmal jedoch in Braun. „Guten Tag, Bauaufsicht. Darf ich fragen, was Sie hier machen?“ Und leider hatte der Mann recht. In der Randstad-Gegend, aus der wir kamen, durfte man nicht einmal seinen Rasen mähen, ohne vorher eine Genehmigung eingeholt zu haben, also fand ich, dass wir uns in einer ziemlich schwachen Position befanden. „Sie können natürlich immer noch einen Antrag stellen“, sagte er, in einem Ton, als ob er noch hinzufügen wollte: „So, wie man in der staatlichen Lotterie fast immer den Hauptgewinn zieht!“

Wie sich herausstellte, ist es nicht besonders klug, im Nachhinein eine Baugenehmigung zu beantragen. Man bekommt es dann nämlich mit hämisch grinsenden Beamten zu tun, die wissen, dass sie im Recht und man selbst im Unrecht ist. Bis zur höchsten Instanz, dem Staatsrat[8], sind wir mit unserem Antrag gegangen, um über die undurchsichtige Tolerierungspolitik der Gemeinde zu diskutieren bzw. über die Willkür, mit der man uns aus dem Kreis der Sünder herausgepickt hat. Doch die strenge Dame, die das Urteil fällte, fand, dass, auch wenn alle bei Rot über die Ampel fahren, man selbst schön brav zu warten habe. Nicht einmal unsere Königin ließ sich nicht durch meinen sehr emotional gehaltenen Brief erweichen und Rechtsanwalt Bram Moscowitz, der sogar noch Kinderschänder und mit Drogen dealende Serienmörder freizubekommen weiß, weil in der Anklageschrift irgendwo ein Komma an der fal-

8 Der Staatsrat ist in den Niederlanden das höchste Beratungsgremium der Regierung und das älteste Staatsorgan.

schen Stelle steht, sagte mir am Telefon, dass ich aber auch sehr dumm gewesen sei: „Nein, das sieht gar nicht gut aus, daran werde ich mir meine Hände nicht schmutzig machen."

Eines Morgens bekamen wir einen eingeschriebenen Brief, in dem stand, dass ich alle Kosten für den Abriss selbst zu tragen hätte, falls die Ställe nicht bis zum 7. Oktober verschwunden sein sollten. Und wieder wandte ich mich an den zeichnenden Rinderzüchter, der ausgezeichnete Beziehungen zur Gemeinde hatte. Der wischte meinen Brief lachend zur Seite. „Ach, wir haben doch alle ein paar von diesen Briefen bei uns herumliegen, mach dir doch nicht immer gleich solche Sorgen. Ihr Leute aus dem Westen macht immer gleich aus einer Mücke einen Elefanten. Trink erst mal in Ruhe eine Tasse Kaffee und du wirst sehen: Die Ställe, die du dir hingestellt hast, werden in dreißig Jahren noch immer da stehen." Meine Frau hatte die Ställe inzwischen mit zwei Pferden und einem Pony gefüllt. In einer Box lagen Heu und Stroh; außerdem gab es einen hübschen Putzplatz mit Sattelhaltern, Schränken mit Bandagen, Seifen, Decken und einem Radio, aus dem leise, entspannende Musik erklang. Ich hatte inzwischen ein nervöses Zucken in meinem rechten Augenlid, denn der 7. Oktober rückte bedrohlich und unaufhaltsam näher.

Ställe 2

Ställe ohne Genehmigung zu bauen ist nicht klug. In einem eingeschriebenen Brief wurde ich aufgefordert, den Stall vor dem 7. Oktober abzureißen, doch wie es dann weitergehen sollte, war mir vollkommen schleierhaft. Sollten die Pferde denn unter irgendeiner Brücke schlafen oder im Pappkarton auf dem Bahnhof? Sollte ich mein Wohnzimmer hergeben und es mit Stroh, Sägemehl und Tränken neu einrichten?

Unser lokaler „Berater" mit ausgezeichneten Beziehungen zur Gemeinde versicherte mir, dass jeder im Dorf diese Briefe stapelweise zu Hause liegen habe und noch nie etwas abgerissen worden sei. Doch ich spürte die Spitze des Damoklesschwertes bereits an meiner Fontanelle kratzen.

Am 6. Oktober um fünf Uhr nachmittags rief mich unser Berater an. „Tja, das ist nicht so schön, sie scheinen tatsächlich morgen zu kommen. Zufällig habe ich gehört, dass sogar die Polizei dabei sein wird!"

Ich überlegte kurz, ob ich ein paar Sachen in meine Tasche stopfen und mich heimlich auf und davon machen sollte, doch da kam meine Frau mit dem üblichen reittechnischen Update herein: wer nachgegeben hatte, wer locker und schwungvoll gegangen war und wer nicht. Entgegen unseren sonstigen Gepflogenheiten unterbrach ich sie. „Die Ställe sollen abgerissen werden", flüsterte ich heiser. Zehn Minuten lang saßen wir uns schweigend gegenüber. „Und

dann?", fragte sie. „Dann sind die Ställe abgerissen", sagte ich feindselig.

Bei der Gemeinde stellte man mich zu einem Beamten durch, der sich mir gegenüber unnatürlich freundlich verhielt. „Ja, in der Tat, morgen kommen wir zum Abreißen", sagte er, als ob er mich beglückwünschte. Es machte ihm auch noch Spaß! Nehmen Sie schon mal Abschied. Jeder kreative Vorschlag meinerseits wurde vom Tisch gewischt.

Nachdem ich den Hörer aufgelegt hatte, stand ich eine Weile wie betäubt da. Doch dann hatte ich eine Idee. Ich rief meine Frau und sagte: „Wir werden die Ställe abreißen." Sie selbst abzubauen würde möglicherweise einen höheren Restwert ergeben, als wenn die Gemeinde den Bagger darüber hinwegrollen ließe. Es gelang mir, drei unserer Nachbarn und zwei gute Freunde von mir zusammenzutrommeln, zwei Pferdefreundinnen meiner Frau leisteten zusätzlich geistigen und körperlichen Beistand. Ein dem Einstürzen naher Unterstand, in dem wir Brennholz lagerten, wurde leer geräumt und bot dem Pony eine Bleibe; es konnte gerade eben darin stehen. Die Damen machten sich an einem wackeligen Carport zu schaffen, den ich eigentlich längst hätte abreißen müssen. Sie zogen in die Vorderseite zusätzliche Balken ein und versahen das Ganze mit einem Türchen, durch das sie unsere beiden Pferde, die sich verwundert bückten, ins Innere führten.

In der Zwischenzeit hatten wir mit dem Abbauen begonnen. Nachdem wir die Dachplatten abgenommen hatten, stellten wir fest, dass die Wände aus losen Bauteilen bestanden. Und während die Damen mit Sätteln, Futtersäcken, Decken und Eimern voll Bandagen hin und her liefen, machte ich mich daran, die Wasser- und Stromleitungen abzumontieren. Die Nachbarin kam kopfschüttelnd vorbei und brachte eine große Schüssel frittierter Häppchen. Ich hatte uns inzwischen eine Kiste Bier hingestellt, denn das schien mir angebracht zu sein. Um drei Uhr nachts lagen schließlich ein Stapel Holzpaneele sowie ein weiterer Stapel mit Deckenplatten vor uns und wir gingen völlig erschöpft ins Bett.

Am nächsten Morgen um acht Uhr saßen wir gerade beim Kaffee, als plötzlich ein Wohnwagen in unsere Zufahrt bog. Ein Polizeiauto, ein Laster mit Bauwagen dahinter, drei Pkws, ein Auto mit dem Anhänger einer Asbestsanierungsfirma und ein Sattelschlepper mit einem kleinen Löffelbagger auf dem Aufleger. Sie klingelten und der Mann von der Gemeinde murmelte dümmlich etwas über „den Stall abreißen" und „Sie müssen entschuldigen, aber ich bin nur geschickt worden". „Den Stall?", riefen meine Frau und ich verwundert. „Wir haben überhaupt keinen Stall und Asbest gibt es darin schon gar nicht!" Der Mann ging ums Haus herum und ließ all seine Papiere aus der Hand fallen, als er die kahle Stelle sah.

„Ich gehe füttern", sagte meine Frau und die Pferde wieherten ihr fröhlich entgegen. Pferde sind so schön problemlos!

Anreiten 3

Wenn das Pferd drei Jahre alt ist, darf man sich draufsetzen – so steht es in den Büchern. Einen Sattel hat es schon getragen und auf dem Putzplatz hat sich meine Frau auf seinen Rücken gelegt und hing dabei über dem Sattel wie ein angeschossener Bandit in einem Wildwestfilm, der von einem Kopfgeldjäger zum Sheriff und dann zum Galgen geführt wird.

So fühlen wir uns auch, als es dann so weit ist. Zum ersten Mal im Sattel, auf dem Reitplatz. Meine Frau hat zu diesem Anlass eine Art Pilz auf ihren Kopf gesetzt. „Versuchst du dich zu verkleiden?", frage ich, geistreich wie immer und – ebenfalls wie immer – völlig unangebracht. Es ist eine Art Helm, wie ihn wichtigtuerische amerikanische Fahrradtouristen tragen, doch für das Anreiten ist es bestimmt kein überflüssiger Luxus.

Wir stehen auf dem Reitplatz. Ich halte das misstrauisch äugende Tier gut fest und meine Frau stellt vorsichtig eine knallrote Kiste neben das Pferd auf den Boden. Dann stellt sie sich auf die Kiste und das Pferd macht einen Schritt zur Seite. „Was tust du da?" Also wird die Kiste umgestellt und das Pferd macht wieder einen Schritt zur Seite. Ich zähle ab, wie lange es dauert: Richtig, da kommt es auch schon: „Du sollst ihn festhalten!" Ich liebe diese Art Sicherheiten, sie geben dem Leben Halt.

Endlich haben wir das Tier, das begonnen hat, das Spiel zu mögen, geschickt in eine Ecke manövriert, in der es nicht mehr zur Seite oder nach hinten ausweichen kann. Ganz vorsichtig, so wie man früher zu Hause die Treppe hinaufgeschlichen ist, wenn es einmal etwas später geworden war, schiebt meine Frau einen Fuß in den Bügel, richtet sich darin auf, macht eine halbe Umdrehung mit ihrem Körper und setzt sich ganz, ganz vorsichtig hin. Das Pferd dreht kurz den Kopf nach hinten: „Sitzt du nun endlich?"

„Gaaanz vorsichtig im Schritt", bedeutet ihm meine Frau wortlos und wir machen einen Schritt nach vorn. Noch immer hat niemand von uns geatmet, doch auf die Dauer kommt es einem hoch. Nach dem zweiten Schritt prustet das Pferd, fast unhörbar: „Frrr". Bevor ich auch nur mit den Augen zwinkern kann, steht meine Frau neben mir. „Wollte es durchgehen?", fragt sie erschrocken. „Es wollte doch durchgehen, oder?" Aber es ist nicht durchgegangen. Nun gibt es keine Ausreden mehr. Wieder rauf aufs Pferd, hopp! Jetzt geht es etwas besser. Ich laufe über den Platz und das Pferd beginnt sich schon ein wenig zu langweilen: „Immer dieses Schneckentempo bei euch."

Nach einer Woche sind wir bereits voller Vertrauen. Wir machen Runden im Trab, zwar immer noch an der Longe, doch ansonsten läuft alles vorbildlich. Der Gaul macht nicht einen einzigen falschen Schritt und der Helm ist noch immer ohne Dellen und Kratzer. Alles dreht sich ums Vertrauen, erklären meine Frau und ich uns abwechselnd und begründen es ausführlich. Wenn du keine Angst hast, hat er auch keine. Doch dann rast, wie aus dem Nichts, ein Auto mit einem klappernden Anhänger vorbei. Das Pferd, meine Frau und ich sehen uns mit großen Augen an. Doch es passiert nichts. „Siehst du, man darf nur keine Angst haben“, stelle ich zufrieden fest. „Aber ich hatte ganz schön Angst“, stammelt sie. „Wenn er nur nicht merkt, dass du Angst hast“, lautet meine Schlussfolgerung.

Alles dreht sich ums Vertrauen. An diesem Nachmittag stehen die Pferde gemütlich in der Koppel und genießen die Frühlingssonne. Bevor ich sie hereinhole, schalte ich den Weidezaun ab. Zumindest glaube ich das, denn meine Frau hatte es in der Aufregung versäumt, ihn einzuschalten, sodass ich das nun – unbeabsichtigt – für sie erledige. „Autorität und Vertrauen, darum geht es“, sage ich mir laut vor. Ich greife mit einer Hand zum Halfter des liebsten Dreijährigen, den es in den Niederlanden gibt, und fasse mit der anderen den Weidezaun an, um ihn zu öffnen, als ich plötzlich – ein Gefühl, als ob mir jemand mit dem Vorschlaghammer einen Schlag in den Rücken versetzt – einen Schock bekomme. Und das Pferd offenbar auch, denn erst hebt es mich gut drei Meter in die Höhe („Nicht loslassen!“, höre ich meine Frau rufen) und schießt dann pfeilschnell davon, sein Herrchen wie ein fröhliches Fähnchen an seinem Halfter hinter sich her schleifend. Es geht rauf und runter, ich sehe kräftige Pferdebeine und blicke über die Baumwipfel hinweg. Wegen des Stromschlags bin ich nicht in der Lage loszulassen. Wir rasen an Bäumen und Hecken vorbei.

Plötzlich ist meine Frau da. „Ho!“, sagt sie entschlossen. Das Pferd hält inne und sie nimmt es mir ab. „Das war nicht so gut für sein Vertrauen. Jetzt können wir wieder ganz von vorne anfangen.“ Und mit dieser Aussicht humpele ich ins Haus.

Weidezaun

Ein Jährling bietet immer Grund zum Lachen – unser hat besonders viel Gefühl für Humor. Wenn ich in der Wiese hin und wieder ein wenig mit ihm schmuse, beißt er sich in meinem Pullover fest. „Und jetzt?", frage ich ihn dann. Ein großes, braunes Auge sieht mich aus unmittelbarer Nähe an. „Jetzt habe ich dich und lass dich nicht wieder los." Wenn ich dann kurz darauf mit einem frischen Loch in meinem Pullover weggehe, um zwei Eimer Wasser zu holen, sieht er mir vergnügt hinterher. Er weiß, dass ich sofort zurückkomme, also überlegt er sich jetzt schon einen neuen Scherz. „Guck mal, was ich mich traue", strahlt er, als ich zurück bin. Es ähnelt ein bisschen dem Gummitwist, das wir früher als Kinder spielten: Er steht links vom unteren und rechts vom oberen Draht.

Wie macht er das bloß? Ich hatte den Weidezaun nicht angestellt, und irgendwie weiß er das. Vorsichtig gehe ich auf ihn zu. Er darf jetzt nicht wegrennen, denn dann bin ich wieder eine halbe Stunde lang damit beschäftigt, die Pfähle zusammenzusuchen und den Zaun neu zu spannen. „Ho, brav!", rufe ich ihm beschwichtigend zu. Doch warum bin ich nicht einmal mehr überrascht, wenn er, kurz bevor ich den oberen Draht über seinen Kopf hebe, plötzlich fröhlich losrennt? Das Pony, das ihm Gesellschaft leistet, steht missmutig herum: „Jetzt geht's wieder rund." Die Pfähle fliegen durch die Gegend und der Jährling rennt wie ein Marathon-

läufer durch die Ziellinie. Glücklicherweise reißt der Draht jedes Mal, sodass sich der Schaden am Pferd selbst in Grenzen hält.

Vorbeifahrende Urlauber auf dem Fahrrad blicken amüsiert von der Karte auf, die auf ihren Lenkern befestigt ist, und steigen sogar ab. Das Shetlandpony ist erschrocken und sucht das Weite, wobei es über den Draht hinweg saust, der auf dem Boden liegt. „Ich wusste, dass wir etwas Interessantes machen würden", wiehert der Jährling und rast dem Pony hinterher, über die Weide und auf die Straße.

Die Touristen bemerken plötzlich, dass irgendetwas nicht stimmt, klatschen hilfsbereit in die Hände und rufen dazu: „Hierher, hierher." Damit sorgen sie jedoch nur dafür, dass Pony und Pferd noch einen Gang zulegen. Je weiter sie weg sind, umso lauter klatschen sie in die Hände – es gibt also doch noch nette Menschen auf der Welt. Ich sehe, dass der Jährling in einen Garten rennt. „Bitte lass es bloß nicht den Garten sein, der schon dreimal in Folge den Wettbewerb um den schönsten Garten der Region gewonnen hat", murmele ich, während ich mich an die Verfolgung mache. Meine Frau, die inzwischen durch den Krach alarmiert worden ist, erhöht die Feststimmung noch, indem sie ruft: „Was um Himmels willen tust du da?" Gemeinsam rennen wir zur Straße und sehen, wie Pferd und Pony einträchtig nebeneinander die Dahlien und Tagetes aus dem preisgekrönten Vorgarten fressen.

Etwas später stehen die beiden wieder auf der Weide. Ich habe alles ein bisschen notdürftig zusammengeknotet und finde, dass es nun endlich einmal an der Zeit ist, pädagogisch einzugreifen. Ich stelle das Elektrozaungerät an – ein Vorkriegsmodell in Form eines Pilzes, das immer tick … tick … tick macht – und halte dem Jährling, gemein wie ich bin, einen Apfel hin, und zwar so, dass er sich weit über den Draht beugen muss und ihn schließlich berühren wird. Ich hoffe, ein Patsch! zu hören, doch nichts geschieht. Es scheint kein Strom zu fließen.

Also mache ich mich schnell auf zum Elektrogeschäft, um einen digitalen Weidezaunmesser zu kaufen (der mich zum Glück nur 54 Euro kostet). Zu Hause stelle ich dann fest, dass tatsächlich kein Strom fließt. „Findest du es vielleicht komisch, dass er ständig durch den Weidezaun rennt?“ fängt meine Frau einen Streit an. Ich kaufe kurz entschlossen ein nagelneues Gerät (für nur 690 Euro), denn nur das Beste ist uns gut genug für unseren kostbarsten Besitz.

Wieder zu Hause angekommen, zeigt sich, dass im Draht immer noch kein bisschen Strom fließt. Verzweifelt fasse ich den Draht mit bloßen Händen an – ich will es wissen. Doch ich spüre nichts! Auch eine drei Meter lange Erdungsstange nützt nichts. Im Geschäft meint man, dass vielleicht irgendwo ein Brennnesselzweig den Draht berühre. Ich bin doch nicht blöd! Als ich in meiner Verzweiflung schließlich den Importeur anrufe, erfahre ich, dass der Untergrund zu trocken ist. Das Pferd steht auf einer Art isolierter Korkschicht, die keinen Strom leitet.

Ich gebe meinen Plan auf und beschließe, mich in der Weide häuslich einzurichten, um das Tier unter ständiger Aufsicht zu haben. Doch dann fängt es, nach fast drei Wochen flirrender Hitze, endlich an zu regnen. Froh greife ich zum Draht und fliege fast zwei Meter hoch durch die Luft. Es funktioniert wieder!

Regen

Wenn das Pferd im Anhänger steht, ist es mir verboten zu fahren. Anfangs habe ich mir das Recht dazu schon mal erzwungen, denn schließlich bin ich der Mann im Haus und der lässt sich nicht einfach vom Steuer verscheuchen. Obwohl ich fuhr, als ob ich eine Ladung Ming-Vasen unversehrt zu einem reichen Käufer bringen müsste, tat es unserer bewährten Ehe alles andere als gut. „Hey, nicht so schnell durch die Kurve“, sagte sie, wenn ich versuchte, mit drei Stundenkilometern in den Kreisverkehr zu biegen, und: „Sollen sich unsere Pferde etwa verletzen?! Pass doch auf!“, wenn ich zur wütenden Empörung der Schlange hinter mir einen Kilometer vor der Vorfahrtsstraße langsam abzubremsen begann, von fünfundvierzig Stundenkilometern auf null. Irgendwann sagte sie dann: „Das wird doch nichts mit dir. Lass mich lieber fahren.“

Und so sitze ich jetzt wie ein kleiner Trottel auf dem Beifahrersitz. Doch wenn ich mich so auf den Turnieren umsehe, entdecke ich glücklicherweise, dass nahezu keine männlichen Begleiter das Lenkrad in Händen halten. Das wird akzeptiert und bedeutet ja auch einen Grund mehr, dem Bierzelt einen Besuch abzustatten – wir dürfen ja doch nicht fahren.

Wenn wir ohne Pferd unterwegs sind, in unserem Pkw, und ich fahre etwas schneller an eine Kreuzung heran, ruft

meine Frau meist automatisch: Sitz, Schritt uuund Halten!“ Und wenn wir dann stehen, sagt sie: „Und jetzt kannst du deine Hände wieder entspannen.“ Die Deformation schreitet voran, bald werde ich Gras vorgesetzt bekommen.

Zurzeit regnet es bei uns in den Niederlanden nur noch. Unsere Schubkarre zum Ausmisten steht morgens oft zur Hälfte voll mit Regenwasser, der Reitplatz ähnelt einem Froschteich und in den Weiden stehen spiegelnde Pfützen. Schade ist, dass das Pferdeleben einfach weitergeht: Die Turniere werden nicht wegen ein paar kleiner Schauer abgesagt.

Allein schon das bloße Pferdeherein- und -hinausbringen lässt einen klatschnass werden. Dann ist auch noch eines darunter, das eine Sommerekzemdecke aufhat, die auf keinen Fall nass werden darf. Meine Frau ist währenddessen irgendwo auswärts reiten oder sie ist in der Reithalle des Vereins. „Du sorgst dann ein bisschen für die Rösslein, nicht wahr?“, fragt sie beim Weggehen. Na klar, ich habe ja auch sonst nichts zu tun.

Also nutze ich eine Trockenperiode zwischen zwei Regenschauern, um alle Tiere nach draußen zu bringen, denn tja, wenn die Ställe leer sind, lässt es sich besser ausmisten. Doch plötzlich fängt es wieder an zu regnen. Es gießt wie aus Eimern, der Himmel wird erst graubraun und dann fast dunkelgrün. Die Sommerekzemdecke ist nass. Unter einem Blitz, gefolgt von einem drohenden Grollen renne ich

in meinen guten Sachen hin und her, von der Weide zum Stall und von dort zur Koppel, wo sich das Pferd schelmisch weigert zu kommen und ich bis zu den Knöcheln im Matsch herumstakse, derweil den Drecksgaul verfluchend.

Als ich fast bei ihm bin, dreht er sich um und läuft mit großen Schritten weg. „Du kommst hierher, du Ekelpaket!“, brülle ich, werde jedoch vom Regen übertönt, der jetzt so stark wird, dass ich fast die Neigung verspüre, wasserzutreten. Als dann endlich alle im Stall stehen, hört der Regen sofort auf und die ganze Umgebung dampft noch ein wenig erschrocken nach. „Ihr könnt mich alle mal kreuzweise“, rufe ich, während ich im Badezimmer meine Unterhose auswringe. Im Spiegel sehe ich, dass ich, mit den imposanten, erdigen Tarnstreifen im Gesicht, einem Söldner ähnele.

Heute sind wir zum Turnier gefahren: Ich stehe beim Buchstaben B und versuche, über den herabprasselnden Regen hinweg eine Prüfung vorzulesen. „Bei A: Mittellinie!“ rufe ich. „Was?“, schreit meine Frau regelwidrig zurück. „Bei A: Mittellinie!“, brülle ich mir die Stimmbänder aus dem Leib. Das Aufgabenbüchlein ist inzwischen so nass, dass der Text der darunterliegenden Seiten durchzuschimmern beginnt. Ich kann es nicht mehr entziffern und zu meinem großen Erstaunen stellt sich heraus, dass meine Frau die Prüfung auswendig kennt.

Das gibt mir dann doch einen leichten Stich. All die Zeit habe ich also als Joker am Rand gestanden und gelesen. Als sie grüßt, ergießt sich ein Wasserstrahl aus ihrem Hutrand in den Schritt. Recht so! denke ich. Ich darf nicht einmal Auto fahren und das Vorlesen mache ich offenbar auch nur zu meiner eigenen Gaudi. Die Herren im Zelt finden einmütig, dass man bei einem solchen Wetter Genever trinken sollte. Triefnass schließe ich mich dem an und kurz darauf fahren wir langsam nach Hause, mit dem Scheibenwischer in der Stellung „Holländisches Sauwetter".

„Was für ein Wetter während der Prüfungen, nicht wahr?", sage ich. „Eigentlich habe ich davon nicht viel gemerkt", findet sie grübelnd. Pferdenärrinnen sind merkwürdige Geschöpfe.

Schnee

Hurra, es hat geschneit! Unsere Hunde stürmen fröhlich nach draußen, gehen jedoch sofort wieder in die Bremse. Was ist denn das? Der Jüngste der beiden hat so etwas noch nie erlebt, scharrt verwundert herum und nimmt prus-

tend einen Bissen. Der ältere Hund steht bibbernd da und denkt: „Nein, so was. Gleich wird das Herrchen wieder eiskalte Bälle werfen, die ich dann freudig auffangen muss."

Wie schön und romantisch es doch aussieht, wenn es geschneit hat? Wie viel Harmonie und Zusammengehörigkeitsgefühl muss es beim Menschen erzeugen? Doch meine Frau tritt mit einem sauren Gesicht nach draußen, rechnet und plant, was nun mit den Pferden im Einzelnen geschehen soll. Ich sehe bereits drohendes Unheil aufziehen. Im letzten Jahr haben wir, heftig miteinander streitend, Runden auf dem Reitplatz gedreht, sie hinter dem Steuer unseres sechzehn Jahre alten Nissan Patrols, während ich mit einem Riesensack Salz hinten auf der Klappe saß und mit steif gefrorenen und vom Salz zerfressenen Händen den verschneiten Platz streute. „Hier bist du schon gewesen." – „Aber da liegt noch Schnee." – „Ja, das dauert einen Moment, bis er weggetaut ist, außerdem fährst du zu schnell." – „Mehr auf den Hufschlag!" – „Aber gerade da liegen doch schon über 100 Kilo Salz. Mensch, fahr doch mal ein bisschen schneller!" Und so ging es munter weiter, mit dem Effekt, dass der Reitplatz weiterhin unter einer geschlossenen Schneedecke lag, die nur hier und da von einem matschigen Fleck durchlöchert wurde, der einen Tag später steinhart gefroren war.

Die Pferde werden also nach draußen in die Weide gebracht. Nur acht Schritte vom Stall entfernt sind sie neben mir plötzlich ein Stück gewachsen und stehen wie Stelzenläufer auf instabil schwankenden Schneeklumpen, die sich unter ihre Hufe gesetzt haben. Mit meinen Holzschuhen passiert dasselbe, sodass ich dreimal mit den Füßen einknicke und die Pferde sich nur noch mit kleinen, femininen Schritten voranzubewegen wagen.

Verzweifelt kommt meine Frau herbeigeeilt. Das ginge so nicht. Lebensgefährlich. Also wieder zurück in den Stall. Doch selbst nachdem wir zwei Töpfe Fett unter die Hufe geschmiert haben, lässt sich noch keine Verbesserung erkennen. „Es ist aber auch furchtbar klebriger Schnee", versuche ich die Umstände in milderem Licht erscheinen zu lassen. „Wir hätten doch die Hufschuhe kaufen sollen", schnauzt sie zurück. Ich überschlage rasch im Kopf, dass die praktischen Schneeschuhe für unseren Viehbestand – die natürlich bereits nach einer Saison kaputt sind – für die anderthalb Tage im Jahr, an denen es in unserem treibhausklimatisierten Land schneit, so viel kosten, dass ich dafür fast eine Bodenheizung unter unserem Reitplatz anlegen lassen könnte.

Doch der Schnee hat auch seine angenehmen Seiten. Einen einfachen Holzschlitten hinter unser kleines dickes Shetlandpony gespannt, und dann geht es ab auf die Heide. Das macht Laune, auch Jerry hat seinen Spaß daran. Fast nach jeder Kurve schleife ich, wie in einem lustigen Familienfilm, auf meinem Bauch hinter dem Schlitten her. „Ho, Jerry! Brav, Jerry!" Aber Jerry nimmt Rache – „Du wolltest es so haben" – und gerädert, doch zufrieden kommen wir

mit dem Schlitten endlich wieder beim Stall an. In der Ferne sehe ich meine Frau, die – auf der Straße – einen Versuch wagt, etwas auf dem Pferd zu unternehmen. Ein Stückchen weiter hinten ist die Straße auch bereits verhältnismäßig schneefrei.

Noch einmal kommt das Streufahrzeug vorbei. Das Pferd sieht sich verwundert nach dem schnaufenden gelben Ungetüm um, von dem es haarscharf überholt wird und das dabei mit peitschenden Geräuschen Salz aus seinem Hinterleib schleudert. Das Pferd stellt sich auf die Hinterbeine und läuft, so schnell es kann, in Richtung Heide. Das Pferd und meine Frau verschwinden hinter dem Horizont. „Komm, Jerry“, setze ich ihn mit einem kleinen Stups wieder in Bewegung, „die kommen bestimmt wieder zurück“. Und tatsächlich sitzen beide etwas später völlig abgekämpft vor einem Eimer mit warmem Brei aus Kräutermüsli und Leinsamen beziehungsweise vor einem Glas Wein.

Reitstunden

Seit Kurzem bekomme ich wieder Reitstunden. So wie Senioren eigentlich eine neuerliche Fahrprüfung ablegen müssten, so muss auch ich die Grundlagen meiner Reitkunst wieder einmal auffrischen.

Ich habe fast vier Jahre lang nicht mehr wirklich auf einem Pferd gesessen – seit ich mich von meinem Ausreitpferd verabschieden musste. Es handelte sich dabei um ein pensioniertes Dressurpferd, unser erstes. Irgendwann ging es einfach nicht mehr: Arthrose. Ich habe, ohne zu zögern, in der Tierklinik angerufen und bin zum Einschläfern des Pferdes dorthin gefahren.

Meine Frau war nicht mitgegangen. Sie saß apathisch zu Hause. Da ich der Mann im Haus bin, rief ich: „Ich mach das schon." Dafür ist man schließlich da. Doch auf der Rückfahrt, mit dem leeren Anhänger hinter dem Wagen, muss ich eine Gefahr für den Straßenverkehr gewesen sein. „Ich bin ein harter Bursche, was geschehen muss, muss geschehen, und ich bin bestimmt kein Weichei, wenn es um solche Dinge geht", hatte ich mir vorher eingeredet. Doch das konnte nicht verhindern, dass ich durch einen Schleier aus Tränen den Gegenverkehr nur noch als vage Schatten wahrnahm. Als ich dann merkte, dass ich auch noch ziemlich laute Geräusche dazu machte, habe ich kurz angehalten. Was für ein Scheißjob – lieber hätte ich zwei Dutzend Ställe ausgemistet.

Aber gut, ich hatte also nichts mehr, um darauf zu reiten, da das neue Pferd fachmännisch von meiner Frau dressiert wurde und das allerneueste Pferd noch zu blöd dazu war. Später beruhigten sich beide Pferde ein wenig, lahmten jedoch zwei Jahre lang hintereinander, mal das eine, dann wieder das andere. Also konnte ich nicht reiten, musste aber dennoch täglich die Pferde an der Hand ausführen – was ziemlich lästig ist, da Pferde längere Beine als Menschen haben, also auch größere Schritte machen und ich daher die ganze Zeit ein bisschen neben ihnen her dribbeln musste. Kurzum: im Schritttempo laufen, Stallruhe, wieder vorsichtig anfangen und auf der Straße ein wenig traben. „Er lahmt! Siehst du das immer noch nicht?" Wieder eine kostspielige Goldinjektion, sechsmal am Tag mit kaltem Wasser abspritzen und im Weiteren Stallruhe, bis es abgeheilt war und das andere Pferd zu hinken begann.

Nun ist es so, dass man das Fahrradfahren offenbar nicht zu verlernen scheint, wohl, weil man alles selbst macht. Beim Reiten ist es anders, das kann man durchaus verlernen, weil in meinem Fall das Pferd „ritt" und ich einfach nur drauf saß. Wenn es „nachgab", musste es sich wohl schlicht um einen Reflex des Pferdes gehandelt haben und mit meinem Einsatz hatte das nicht das Geringste zu tun.

Jetzt haben wir nach Jahren plötzlich wieder zwei Pferde, mit denen man gleichzeitig ausreiten kann, und das ist toll: Schön alle gesetzlichen Bestimmungen außer Acht lassend über die Heide preschen und dann, immer auf der Hut vor dem Förster, ab in den Wald und zwischen ein paar erstaunten Rehen herumstapfen. Doch beim ersten Ausritt hielt mein Pferd den ganzen Weg über den Kopf in die Höhe und meine Frau jammerte, dass ich gerade dabei sei, sechs Jahre Dressur und hartes Training zunichte zu machen. Also bekam ich von ihr wieder Reitstunden auf dem Reitplatz. „Beine lang, Hände zusammen und locker kneten, so, als wenn du einen Schwamm in der Hand ausdrückst! Sitzen bleiben, mach Pudding aus deinem Hintern! Nicht ständig rechts loslassen, er stützt sich links auf deine Hand! Inneres Bein und äußerer Zügel! Lass ihn nachgeben, ja, richtig, gut so, spürst du es?“

„Ja“, sagte ich rasch, denn ich will so schnell wie möglich mein Diplom haben, damit wir wieder ausreiten können.

Im Anhänger

Es regnet so stark, dass es scheint, als ob jemand, so wie in schlechten Filmen, auf einer Trittleiter steht und einem eine Gießkanne über den Kopf ausschüttet. Ich bin gerade von meiner Frau angerufen worden, die mir mitteilt, dass sie mit dem Pferd liegen geblieben sei, weil der Anhänger sich weder vor- noch zurückbewegen lässt. Ob ich kommen könnte. Dort angekommen, trete ich ein wenig dümmlich gegen die Reifen. „Es sind die Bremsen“, sagt meine Frau und ich entgegne ziemlich sinnlos: „Ja, aber die Bremse ist gar nicht angezogen“, während ich an der Handbremse herumfummele.

Der Verkehr rast links und rechts durch tiefe Wasserpfützen an uns vorbei, dabei hohe Wasserfontänen über uns hinwegsprühend. Da ich in den zwei Minuten, die ich hier nun stehe, bis auf die Haut durchnässt bin, beschließe ich, dass nun endlich etwas geschehen muss. Vor Kälte zitternd um den Anhänger herumzulaufen wird die Lösung nicht bringen. Bekannte von uns halten an und drehen grinsend die Scheibe etwas herunter. „Panne?“ „Ja, es ist die Bremse“, ruft meine Frau durch die nassen Haarsträhnen in ihrem Gesicht. „Schöner Mist“, rufen sie vergnügt. Als ein hinter ihnen haltendes Auto hupt, entschuldigen sie sich und fahren weiter. Ich ziehe meinen Mantel aus, damit wenigstens noch etwas sauber bleibt, lege mich im Oberhemd flach auf den Boden und schlängele mich unter den

Anhänger, bis ich bei dem blockierten Hinterrad angekommen bin. Dort schlage ich ein paar Mal leicht auf die Bremstrommel, und krabbele wieder unter dem Anhänger hervor – völlig durchweicht und verdreckt und mit schwarzen, ölverschmierten Händen. „Probier es jetzt noch mal …“ Doch das Rad dreht sich nicht.

Das Pferd wird langsam ungeduldig. Die Geschäftigkeit um es herum, der starke Verkehr und der Anhänger, der die ganze Zeit über versucht anzufahren und dann wieder in seine alte Position zurückfedert, macht es ganz nervös. „Wir brauchen einen neuen Anhänger“, ruft meine Frau böse, „der hier fällt ja schon auseinander.“ *Damit spielt sie auf einen Vorfall an, der sich vor ein paar Tagen ereignet hat. Wir fuhren gerade durch ein kleines Dorf, als ohne die geringste Vorwarnung plötzlich die Seitentür des Anhängers herausfiel, mit einem gewaltigen Krachen über die Straße flog und schließlich auf dem Bürgersteig liegen blieb. Meine Frau hielt an, lief die zweihundert Meter zurück zu der Polyestertür und rannte, wie beim modernen Mehrkampf, mit der Tür als Surfbrett unter ihrem Arm zurück zum Anhänger, wo sie sie neben das erstaunte Pferd schob, das dieses eine Mal durch das zugige Loch nach draußen sehen durfte.*

Am nächsten Tag ist ein Turnier und wir ziehen mit einem geliehenen Anhänger los. In unserem Dorf schämen

wir uns immer ein wenig für unseren großen Pferdeanhänger mit dem riesigen Auto davor. Doch einmal auf dem Parkplatz des Turniers angekommen, schämen wir uns wiederum für die Armseligkeit unseres Anhängers. Aus den Fenstern gigantischer Lastwagen blickt man mitleidig auf uns herab. „Einfach gewinnen, das stopft ihnen das Maul", versuche ich meine Frau zu motivieren. Doch das Programm hat schon angefangen. Aufgesattelt werden muss im Anhänger, da es draußen wie aus Kübeln gießt. Ich fühle mich wie jemand, der eines dieser kleinen Schiffe in eine Flasche bekommen muss, ohne dafür eigentlich genügend Zeit zu haben.

Eine furchtbar beengte Situation. Die Schabracke liegt auf dem Rücken des Pferdes, jetzt also nur noch den Sattel. Doch um den Sattelgurt festzuziehen, muss ich mich direkt neben das Pferd stellen und das drückt sich in aller Ruhe gegen die Anhängerwand, sobald ich mich an dem Gurt zu schaffen mache. Ich bekomme kaum noch Luft und kann nicht einmal mehr rufen, dass es mich freigeben soll.

Mit gequetschten Rippen und einem blauen kleinen Zeh (Wer hat denn da wieder draufgestanden?) stehe ich kurz darauf etwas abwesend da und mache Videoaufnahmen. „Wie waren die Pirouetten?", fragt meine Frau, als sie mit einem dampfenden Pferd wieder auf den Abreiteplatz kommt. „Super", hoffe ich, denn ich würde es nur schwer ertragen, mir nun auch noch während der gesamten Rückfahrt Kommentare über blinde Punktrichter anhören zu müssen.

Zu Hause schreitet das Pferd stolz in seinen Stall. „Wo bist du gewesen?“, fragen seine Stallgenossen. „Ein Stückchen geritten, kleine Prüfung gemacht, das Übliche“, antwortet es weise, stellt sich breitbeinig hin und lässt einen kräftigen Urinstrahl ins Stroh schießen.

Kür mit Musik

Heute sind wir nach einer fast zweistündigen Autofahrt auf dem Turniergelände angekommen. Dort stehen wieder die netten Ehrenamtlichen, die uns mit einer orangefarbenen Warnweste – wahrscheinlich von einem Cousin geliehen, der im Straßenbau arbeitet – und mit ebenso ausführlichen wie überflüssigen Beratungen über das Walkie-Talkie einen Parkplatz anweisen. Wir sehen eine Reihe geparkter Anhänger und es erscheint uns nur logisch, dass wir uns daneben stellen. „Ho, warten Sie mal eben! Hans, ist bei dir noch Platz?“ Aus dem Walkie-Talkie kommt die knarzende Antwort: „Ich schau mal … Ja, schick sie rüber. Sie können hinten aufschließen.“ Und wir fahren nach hinten, wo die Stimme aus dem Walkie-Talkie uns bereits erwartet. „Ihr könnt hinten aufschließen“, schreit er, was wir bereits wissen.

Wir stehen neben einem Anhänger, dessen Bewohner – dem Stampfen und Scharren nach zu urteilen, das aus dem Inneren dringt und auf dem gesamten Parkgelände zu hören ist – mit umfangreichen Umbaumaßnahmen beschäftigt ist. Ein schon etwas älterer Mann in einem Arbeitskittel kommt angeschlurft, öffnet kurz die kleine Vordertür und ruft: „Hör auf, hier verrückt zu spielen!“ Doch das Pferd macht fröhlich weiter und jetzt klingt es, als ob es in seinem Anhänger am Seilspringen ist. Der Mann im Kittel schlurft unverrichteter Dinge wieder davon und versucht, seinen Zigarrenstummel zum Brennen zu bekommen.

Heute steht eine Kür mit Musik auf dem Programm. Da ich unglaublich gut mit dem Computer umgehen kann, durfte ich eine fröhliche Komposition zusammenstellen und habe dadurch erstmals in meiner Karriere das Gefühl, wirklich mitzumachen, ein Teil des Ganzen zu sein.

Zunächst wird noch eine normale Prüfung geritten, die ich routiniert, jedoch ein wenig geistesabwesend vorlese. Ich bin nicht ganz bei der Sache, denn gleich kommt mein Einsatz. Meine Frau hat gegrüßt und ich renne aufgeregt zur Reitbahn, wo gleich die Kür stattfinden wird. Feierlich überreiche ich meine CD dem Mann, der in einem Wohnwagen sitzt und von dort aus „die Technik“ versorgt. Auch er hat einen wichtigen Job. „Nicht zu laut!“, beeile ich mich noch zu sagen. „Aber auch nicht zu leise!“ Der Daumen des Mannes zeigt nach oben, wir haben uns verstanden. Und heute mache ich richtig mit. Eigentlich finde ich, dass der Pokal, oder was es auch sein wird, zur Hälfte mir gehört. Denn: Keine Kür ohne Musik!

Der Mann in seinem Wohnwagen hat die Hände an den Knöpfen. Meine Frau steht neben der Reitbahn, wirft die Peitsche weg und hebt routiniert eine Hand, so wie es sich offenbar gehört. Ich bin total nervös und lasse meinen Blick panisch zwischen dem CD-Knopfbediener und meiner Frau hin- und herwandern. Kommunizieren sie miteinander?

Dann setzt die Musik ein und ich kann es fast nicht glauben. Meine Musik erschallt auf dem ganzen Gelände! Meine Frau reitet in die Reitbahn ein, hält genau in dem Moment an, als die Musik aufhört – Wie ist es bloß möglich? – und geht zum Trab über. Ich schleiche zum Wohnwagen. Für mein Gefühl darf die Musik noch eine Spur lauter gestellt werden. Das kann sicher nicht schaden. Wieder zeigt der Daumen nach oben. Mit diesem Mann könnte ich – sozusagen – Pferde stehlen.

Meine Frau biegt nach links, geht weiter über den Hufschlag und gibt Hilfen zum Schulterherein. Doch dann kommt das Pferd in etwa einem halben Meter Entfernung am Lautsprecher vorbei, aus dem die Musik so laut ertönt, dass man nur noch ein Gequäke hört, und erschreckt sich angesichts des Krachs zu Tode.

Von diesem Moment an beginnt die Kür eher einer Rodeovorstellung zu ähneln. Meine Frau versucht noch kurz, so zu tun, als wenn sie an dieser Stelle eine Volte geplant hätte, doch dann stellt sich das Pferd auf seine Hinterbeine und will um nichts in der Welt mehr aus seiner Ecke herauskommen. Es gibt ein wildes Ringen, doch der Lautsprecher bildet ein unsichtbares, jedoch unüberwindliches Hindernis für den Gaul.

Meine Frau beschließt schließlich zu grüßen, bekommt das Pferd jedoch noch immer nicht aus der Reitbahn heraus. Ich stehe wild gestikulierend vor dem Fenster des Wohnwagens und schreie, um die Aufmerksamkeit des Mannes zu erregen, der gerade vollauf damit beschäftigt ist, sich eine Zigarette zu drehen, und keine Ahnung hat, was sich auf dem Platz abspielt. „Ab-stel-len!“, gebe ich ihm mit wüsten Handbewegungen zu verstehen. Erst als wieder Stille eingekehrt ist, bekommen wir das überdrehte Pferd aus der Reitbahn.

Auf dem Rückweg nach Hause stelle ich vom Beifahrersitz aus das Radio an, doch meine Frau drückt gleich wieder auf den Knopf. Fürs Erste also keine Musik mehr.

Hengst

Wenn einem in den Niederlanden jemand dumm kommt, sagt man schon mal: „Zal ik jou eens een hengst verkopen" – Jetzt werde ich dir mal einen Hengst verkaufen, das heißt, dir Saures geben. Ich habe immer gedacht, dass damit eine Ohrfeige gemeint sei, doch jetzt weiß ich es besser. Es ist ein Ausruf, mit dem man jemandem einen Haufen Elend an den Hals wünscht.

Einen Hengst zu haben ist wahrlich kein Vergnügen. Und wenn man für ihn dann auch bezahlen muss, ist man doppelt angeschmiert. Ich erinnere mich, als ob es gestern gewesen wäre: Meine Frau zieht unser selbst gezüchtetes Fohlen aus der gebärenden Stute, schlägt, nachdem sie ihre Enttäuschung über Farbe, Blesse und asymmetrisch weiße Beine geäußert hat, die Augen zum Himmel und ruft: „Oh nein, ein Hengst!"

Damals wusste ich nicht, was daran so schlimm sein sollte. Ich fühlte mich selbst eher einem Hengst als einer Stute verwandt, doch jetzt, nach anderthalb Jahren beginne ich es langsam zu verstehen. Einen Hengst möchte man nur haben, wenn er später ein Diplom bekommt, auf dem steht, dass er für tauglich befunden wird, dreimal am Tag auf ein ledernes Kunstpferd zu steigen und damit seinen Besitzer im Schlaf reich zu machen. Dann hat man einen gekörten Deckhengst.

Doch scheinbar ist es gar nicht einfach, so ein Körhengst zu werden. Es darf dann kein Härchen an der fal-

schen Stelle wachsen, er muss ordentliche Manieren haben, die Beine müssen makellos und gerade sein, die Knöchelchen einwandfrei, er muss drei Supergänge haben, springen können und samstagmorgens die Zeitung holen.

Unser Jährling ist mittlerweile zu einem ausgewachsenen Hengst geworden. Er steht bei unserem Shetlandpony, dem er, sobald sie in der Weide sind, das Leben schwer zu machen versucht. Deshalb haben wir uns eine List ausgedacht und eine Ecke der Weide mit einem Draht abgeriegelt, unter den das Pony hindurchschlüpfen kann, nicht aber der Hengst. Das Ergebnis ist, dass ich jetzt sein Spielkamerad bin, wenn ich mit meinen zwei Eimern Wasser komme. Ich gehe rückwärts, und das Kerlchen läuft mit schwebenden Schritten und hocherhobenem Haupt auf mich zu, bereit zu einem großen Sprung auf sein Herrchen. Er schaut nicht böse, wohl aber frech. Mehr tastend als hinsehend gieße ich hinter meinem Rücken die Eimer aus, das meiste neben den Wassertrog. Ich lasse ihn keine Sekunde aus den Augen.

Wir müssen jetzt zufüttern, da nicht mehr so viel Gras auf der Weide steht und er im Wachsen begriffen ist. Beim Füttern müssen bereits ein Anbindestrick mit Kette und eine Peitsche zum Einsatz kommen. Denn er kann in eine blinde Raserei verfallen, wenn ich die Unverschämtheit besitze, zwei Meter seines Territoriums zu betreten, um einen Eimer Futter in seinen Trog zu schütten. Dass ich ihm seine

Mahlzeit nicht unverzüglich übergebe und im Übrigen auch noch damit in der Wiese herumlaufe, lässt er sich nicht bieten. Dann macht er Anstalten, mich auf die Hörner zu nehmen, die er glücklicherweise nicht hat. Doch auch ohne ist sein Kopf ziemlich hart.

Die Sache ist entschieden: Der Hengst darf kein Hengst mehr sein. Der Pferdearzt, der sich von der Empfängnis bis zum bitteren Ende um so ein Tier kümmert, steht unter Gefährdung des eigenen Lebens gebückt neben dem tödlich beleidigten Hengst, der jedes Mal, wenn jemand in Reichweite ist, einen lebensgefährlichen Tritt nach hinten gibt. „Soll ich dir einen Hengst verkaufen?"

Doch der Eingriff muss vorgenommen werden und dafür müssen vorher die Hoden betäubt werden. Als das alles dann kurze Zeit später gefühllos ist, geht es um einiges leichter. Es macht knipp, krack, knipp und da liegen plötzlich zwei betäubte Hoden auf dem Boden. „Jetzt bist du ein Wallach", erkläre ich behutsam, „das ist auch ganz schön."

Einige Tage später steht er wieder auf der Weide, rast schneller denn je herum und kommt oben auf dem Shetlandpony zum Stillstand. Das flüchtet sich in den sicheren Hafen. Der Jährling lässt es nicht dabei bewenden und galoppiert ungestüm und ziellos auf der Weide herum. Wir sehen, wie dabei der Futtertrog und die Tränke unter lautem Krachen hoch durch die Luft segeln. „Er ist jetzt wirklich viel ruhiger", strahlt meine Frau.

Weil ich davon noch nicht ganz überzeugt bin, werde ich vorläufig doch lieber einen Helm und einen Body-Protector beim Füttern tragen.

Urlaub

„Stopp!“, ruft meine Frau und ich steige auf die Bremse. Gut, dass es ABS gibt. Als der Wagen steht, hängt der Geruch verbrannten Gummis in der Luft und ich sehe nach, was passiert ist. Habe ich jemanden angefahren? War ein Auto im toten Winkel?

„Was ist los?“, frage ich. „Kleine Esel!“, ruft meine Frau, während sie umgedreht auf ihrem Sitz kniet und durch die Heckscheibe auf eine Weide zeigt. Wir sind schon vier Tage im Urlaub, ohne Pferde, und das ist eine lange Zeit – viel zu lange. Also müssen wir auf der kleinen Bergstraße anhalten, um Esel zu streicheln und den Stand ihrer Hufe zu diskutieren. „Der hier braucht bald mal einen Schmied“, sagt sie streng.

In den Ferien soll man loslassen. Einmal raus aus dem Alltagstrott, weg von den eingefahrenen Bahnen: dem unerbittlichen Programm aus Füttern, Reiten, Füttern, Ausmisten, Füttern und so weiter. Im Urlaub sollte man an nichts denken müssen, außer an ein Glas Wein auf einer Terrasse und wo man abends zum Essen einkehren wird. Doch für meine Frau ist es eine allzu heftige Entziehungsmethode, so einfach von einem Tag auf den anderen ohne Pferde leben zu müssen. Und das, obwohl wir den Urlaub beide so nötig haben.

Das vor allem wegen der Wochen vor der Abreise: eine echte Tortur. Unglaublich, was alles geregelt werden muss. Die Pferde müssen auswärts untergebracht werden, wobei das eine nicht mit dem anderen auskommt und das eine nicht ohne das andere sein kann. Das ist also eine ziemliche Puzzelei. Alle müssen weggebracht werden, mit langen Listen voller Anweisungen im Gepäck. Das eine Pferd hat noch immer diese Sehnengeschichte, darf also nur im Schritt laufen, das andere soll auf keinen Fall ohne Gamaschen nach draußen, weil sein lieber Bruder sich angewöhnt hat, ihm vors Schienbein zu treten. Und natürlich müssen auch alle Salben, Pülverchen, Vitamine und andere exorbitant teure Ergänzungspräparate mit, in sorgfältig etikettierten Töpfen, auf denen steht, wer wie oft und wie viel davon zu bekommen hat.

Als alle Pferde und das Pony endlich untergekommen sind, fängt meine Frau an zu jammern, dass sie ihre Liebsten vermisst. „Sollen wir nicht noch mal kurz nachschauen?", fleht sie mich an – es ist gerade einmal eine halbe Stunde her, dass wir sie abgeliefert haben. „Die armen Leute! Die werden sich bestimmt freuen, wenn wir wieder bei ihnen angedackelt kommen", rufe ich. „Nein, einfach nur von der Straße aus, ohne dass sie uns sehen." Doch ich weigere mich, meinen Pferden hinterherzuspionieren, und außerdem klingelt morgen um halb vier der Wecker.

Auf der deutschen Autobahn erhalten wir einen Anruf. „Ihr seid doch hoffentlich noch nicht weg?", ertönt es aus der Freisprechanlage des Autos. Meine Frau verliert fast die Besinnung und ich bringe den Wagen mit klopfendem Herzen auf einem Parkplatz zum Stehen. Es stellt sich heraus, dass einem der Pferde reichlich Rotz aus der Nase hängt. „Ich kann den Tierarzt fragen, ob er Zeit hat, sich das mal anzusehen", lautet der Vorschlag und das Problem scheint vorläufig gelöst. Doch meine Frau leidet sichtlich unter ihrer erzwungenen Untätigkeit. „Sollen wir zurückfahren?", fragt sie immer wieder leise. „Nein", antworte ich. Jetzt habe ich mal das Sagen.

Als wir ein paar Tage später eine Wanderung in den Alpen machen, scheinen die Pferde fürs Erste vergessen zu sein, da meine Frau bereits eine ganze Weile nichts gesagt hat. Doch dann zieht sie mich am Ärmel: „Schau mal, dort drüben könnten die Stuten stehen", zeigt sie auf ein abschüssiges, mit rostigem Stacheldraht umzäuntes Stückchen Weideland. Eine malerische Ruine könnte als Stall dienen und wir würden in einem riesigen, knallgrünen Kasten von einem Haus wohnen. „Und wenn man einen Bagger kommen ließe, könnte man aus dem Stück Land neben dem Fluss problemlos einen Reitplatz machen." Ich bin dann offenbar schon in Rente und das ist eine durchaus angenehme Vorstellung. „Das Niveau ist hier so, dass man schon in der Nationalmannschaft ist, wenn man aussitzen kann", jubelt sie. „Gut, wir wandern sofort aus", versuche ich das Ganze zu relativieren.

Sie hakt sich bei mir unter, und wir gehen, über dieses und jenes sinnierend, weiter. Als wir in der Ferne einen großen Misthaufen sehen, wird sie plötzlich wach. „Und hier könnten wir …“

„Ja klar“, unterbreche ich sie und ziehe sie mit mir mit zur anderen Seite.